# 子育てを変えれば脳が変わる

こうすれば脳は健康に発達する

成田奈緒子
*Narita Naoko*

PHP新書

# はじめに

「子供を健《すこ》やかに育てたい」

「才能を存分に開花させてほしい」

「心も健康に、豊かに育ってほしい」――。


子を持つ親なら、きっとそう願うでしょう。そのために時間と労力と、ときにはふんだんにお金をかけて子育てをする方も多いでしょう。

しかしその「手のかけ方」、もしかすると間違っているかもしれません。


私は長年、医学と脳科学の専門家として、子供の脳の発達を研究してきました。

そこで得た知見はもちろん膨大ですが、一言に集約すると……。

**「子育ては、脳が育つ順番に沿えばうまくいく」。**

これに尽きます。

このセオリーに基づき、2014年からは親子支援事業「子育て科学アクシス」を主宰し、子育てに悩む方々の「脳育て」をサポートしています。

その立場から世を見渡すと、「脳が育つ順番に沿わない子育て」が実に多いと感じます。

たとえば、「パパと過ごす時間を持たせたいから」と、父親が帰宅する深夜まで子供を寝かせない親がいます。

「優秀な子になってほしいから」と、2歳の子供に難しい勉強をさせる親もいます。

「どこから才能が開くかわからないから」と、小学生のうちからたくさんの習い事をさせる親もいます。

それらはすべて、良かれと思ってしていることに違いありません。しかし残念ながら、子供のためにはならない――というより、健康な発達を阻《はば》むものになりかねないのです。

こう言うと、「今よりもっと気を付けて育てないといけないの？」と困惑されるかもしれませんね。

その心配はご無用です。私は皆さんを責めるつもりも、まして脅《おど》すつもりもありません。

私が伝えたいのは、その正反対のメッセージです。

「その子育て、もっと楽で楽しくなりますよ！」と言いたいのです。

その内容を、これまた一言に集約すると……。

**「最初の5年間で『早寝早起き』習慣をつけることさえ頑張《がんば》れば、あとは楽」**

ということです。子供を心身ともに健康に、かつ優しく賢い子に育てる方法は、実はとてもシンプルなのです。

近年共働き家庭が増え、子育てに時間をかけられないことに悩む親が増えています。そうした方々は往々にして「そのぶんお金をかけて、最高の教育を！」などと思いがちですが、その必要はありません。

この本でお話しする「子育て（＝脳育て）」には、お金も労力もさほどかかりません。

私自身も働く母親で、いわゆる「ワンオペ育児」の経験者ですが、娘を育てる間、心身を消耗することも、財布を痛めることもありませんでした。娘も健やかに育ち、今は成人し、私と同じく医師を目指しています。

皆さんにもぜひ、この「脳育て」の方法を知っていただきたいと思います。

それは子供の健康のみならず、幸福にもつながります。そして何より、親御さん自身が肩の荷を下ろせます。

子育てに伴う無数の「〇〇しなくては」が思い込みであったとわかり、必要なことだけを適切に行えるようになるからです。

この本が、親御さんの迷いや悩みをやわらげ、お子さんののびやかな成長を支える一冊となることを、願ってやみません。

本書で紹介する事例は、ご相談者を特定できるような情報については配慮し、内容に影響を与えない範囲で変更しております。ご了承ください。

# 子育てを変えれば脳が変わる　目次

はじめに　3

## 序章　なぜ「子育て＝脳育て」と言えるのか？

世の「育児本」が分かりづらい理由　18
脳には3つの種類がある――「からだの脳」「おりこうさんの脳」「こころの脳」　20
脳が育つ正しい順番とは？　24
3つの脳は、いつごろから育つのか　28
脳を育てるとは、神経細胞をつなげること　30
3つの脳を網羅する「セロトニン神経」とは　32
からだの脳は「五感」の刺激を通してつくられる　34

## 第1章 「からだの脳」の育て方

からだの脳とは、生きるための脳 38
5歳までは、11時間以上の睡眠が必要 40
早く寝かせるためには、早く起こす 43
睡眠中、脳では何が起こるのか 46
睡眠が取れれば、食事も摂れる 49
早起き習慣で、子供はめきめき元気になる 52
「子供に尽くす母親」になっていないか 54
早いうちからの習い事は必要ない 57
「教育パパ」が増えている 59
何代もの親子を振り回す「愛情」というワード 63
最初の5年間に必要なのは、大人の我慢と根性 65
子育ては、後ほどどんどんラクになる 67

## 第2章　「おりこうさんの脳」の育て方

おりこうさんの脳は、勉強させても育たない　72
子供の役割をつくり、自己肯定感を上げる　74
学童保育より「鍵っ子」がベター　77
失敗も想定内で、やらせてみよう　79
子供に体験させるときは、親が好きなことを　81
「子供がかわいそう」と思わなくていい　84
1歳の子供にこそ、フルセンテンスで語ろう　86
頼み事は、フルセンテンス&敬語で話させる　89
コミュニケーションは思考力の源　91
読書では、前頭葉は活性化しない　94
「おりこうさんの脳」だけでは、社会に出てから伸び悩む　95
「勉強って楽しい」と感じられる脳づくりを　97

エピソードと併せた知識は、記憶に刻まれる　100
ネットの情報に、実体験を結び付けよう　102
おりこうさんの脳時代は、こころの脳の準備期間　104

## 第3章　「こころの脳」の育て方

こころの脳は、幸福に生きるための脳　108
幼いころから、前頭葉を鍛える働きかけを　110
「大丈夫」のベースをつくる声掛けを　112
子供の言葉を引き出す秘訣とは　115
家の中は、好きにものを言える場所に　117
動画で勉強すると語彙が育たない　119
映像媒体を、言葉で説明させてみる　121

「正論」は前頭葉の成長を妨げる 123
「家族のルール」を決めて、必ず守らせる 125
子供は失敗しながら、折り合い点を見つけていく 128
自分で考える習慣がモラルを育てる 130
対話しながら、批判精神を育てる 132
逆境に強い心を育てるには 134
レジリエンスの実験から――困ったら「助けて」を言おう 136
「ボーッとしている」ときこそ前頭葉が育つ 139

## 第4章 脳育ては何歳からでも挽回できる！

「脳育て」は何歳からでもやり直せる 142
反抗期は「先輩モード」で対応する 144

反抗期の子も、専門家の話には聞く耳を持つ　146
「趣味の世界」で自分を取り戻した少女の話　148
子供のストレス対応力をつけるなら、まず大人から　150
「すぐできる」コーピングを増やそう　153
「褒める」より「認める」　155
「できなさ」を認める自己肯定感を育てよう　157
叱るべき時は、厳しく叱っていい　159
脳育では「性差」ではなく「個人差」で　161
「兄弟の不平等」はあっていい　163
「仮面夫婦」は子供を不安にさせる　166
子育ては「母親と子供」だけのものではない　168

序章

# なぜ「子育て＝脳育て」と言えるのか？

## 世の「育児本」が分かりづらい理由

この本を手に取った方は、おそらくこれまでも何冊かの「育児指南本」に目を通されたのではないでしょうか。

世の中には、その類《たぐい》の本が無数にあります。しかし科学者のはしくれである医師の目でそれらを読むと、全般に情緒的な印象を受けます。

「愛情をたっぷり注ごう」「たくさんほめよう」といった、ある種、主観的な、解釈に幅の出るメッセージが多いのです。愛情を注ぐことはもちろん良いことですが、果たして何をすることが「愛情」なのか、具体論が見えないのが難点です。

ですから親は、大いに迷います。そしてしばしば、選択を誤ります。

「子供の望みを何でも聞いてあげよう」「モノをたくさん買い与えよう」「お父さんともスキンシップが必要だから、夜中まで起こしておこう」などなど、独自の解釈を下しては「迷路」に入り込みます。

日本は核家族化が進んで久しく、第三者の意見、たとえば祖父母などの「子育て経験者」からの助言やサポートが得づらい状況です。

そこに加えて、空前の少子化時代。子供自体の数が少なくなり、参考になるような「モデルケース」と直接触れ合う機会も減っています。

その代わりに、やたらと影響を振りまくようになったのがＳＮＳです。

ネット上では日々、多くの発信者が「お金と時間と手間をかけた子育て」を自慢げにアピールしています。若い母親がそれに憧《あこが》れ、「私もここまでしなくてはいけないのだ」と思い込んでしまうのは、憂《うれ》うべき風潮です。

もう一つ、問題を感じるのは日本の教育システムです。現在、中学や高校の授業で「育児学」や「発達学」を教える学校はありません。もしこれを導入すれば、若い人たちは早い段階で知識を身に付け、親となったときの指針を持てるはずなのです。

そう、必要なのは主観的な情緒論ではなく、「正しい知識」です。

その知識は、難しいものではありません。「朝早く起きて、夜早く寝るリズムをつくる」ことを最重要の柱とした、シンプルなアプローチです。

それが子供の心身をのびやかに成長させ、結果的に「愛情豊かな」子育てとなるのです。

## 脳には3つの種類がある——「からだの脳」「おりこうさんの脳」「こころの脳」

この本でお伝えする子育ては、「脳が育つ順番」に子供を育てることです。

では、その「順番」とは何でしょうか。そもそも脳は、どのようなしくみを持ち、どう育っていくのでしょうか。まずは、そこからお話ししましょう。

まず、脳には3つの種類があります。

それが「からだの脳」「おりこうさんの脳」「こころの脳」の3つです（図1）。

図1　脳には3つの種類がある

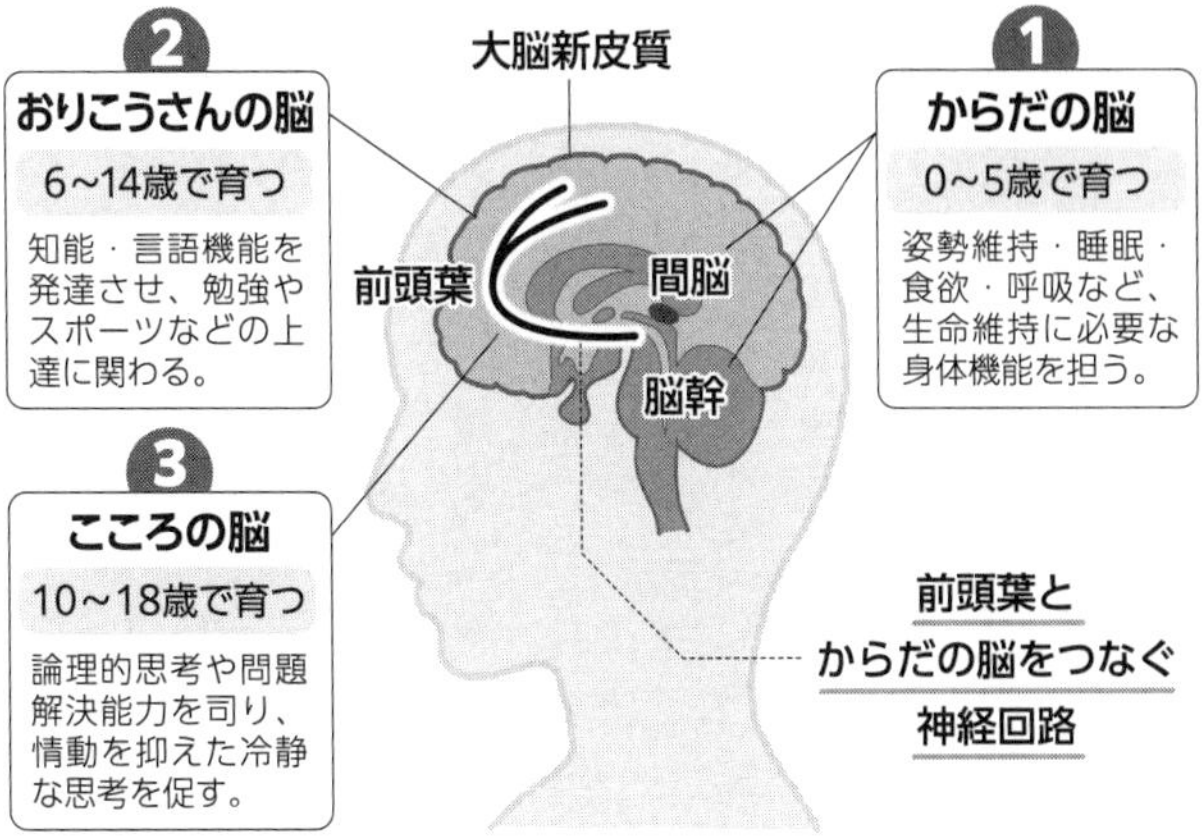
大脳新皮質
2
おりこうさんの脳
6～14歳で育つ
知能・言語機能を発達させ、勉強やスポーツなどの上達に関わる。
1
からだの脳
0～5歳で育つ
姿勢維持・睡眠・食欲・呼吸など、生命維持に必要な身体機能を担う。
前頭葉
間脳
脳幹
3
こころの脳
10～18歳で育つ
論理的思考や問題解決能力を司り、情動を抑えた冷静な思考を促す。
前頭葉とからだの脳をつなぐ神経回路

1つ目の「からだの脳」は、姿勢の維持・睡眠・食欲・呼吸・情動・性欲などを司る脳です。自律神経の働きをコントロールするのもからだの脳です。脳の部位でいえば、大脳《だいのう》辺縁系《へんえんけい》、間脳《かんのう》（視床《ししょう》、視床下《ししょうか》部《ぶ》）と脳幹《のうかん》（中脳《ちゅうのう》、橋《きょう》、延髄《えんずい》）から構成されます。

具体的には、寝たり起きたり、立ったり座ったり、食べたり呼吸したりといった生きる上で必要不可欠な身体機能を担っているのが、からだの脳です。

2つ目の「おりこうさんの脳」は、知能・言語・知覚・情感・微細運動（手先の器用さなどの細やかな動き）などを司る脳です。脳の部位でいえば、大脳新皮質《だいのうしんひしつ》から構成されています。

おりこうさんの脳が育つことで、お勉強ができたり、スポーツが上手だったり、手先が器用だったり、言葉が達者だったりといった成長が見られるようになります。

3つ目の「こころの脳」は、論理的思考や問題解決能力、想像力や判断力といった、「人らしい能力」を司っています。こころの脳は、「おりこうさんの脳」の一部である前頭葉《ぜんとうよう》と「からだの脳」をつなぐ神経回路から構成されています。

そもそも、人間の心の働きには、2つの種類があります。それは「情動」と「情感」の2つです。

「情動」とは、怒り、不安、恐怖、衝動性など、外界の出来事に対して起こる、原始的な心の働き、いわゆる喜怒哀楽です。これらは「命を守る」ために働きます。危険にさらされたときに恐怖を感じて「逃げよう！」と判断する、脅《おびや》かしてくる相手に怒りを覚えて攻撃する、などが典型例です。

一方、「情感」とは、自分の置かれた状況や、周りの人の心情などを考慮して、とるべき言動を判断する力で、安心、喜び、好意、自制心などの心の働きを指します。

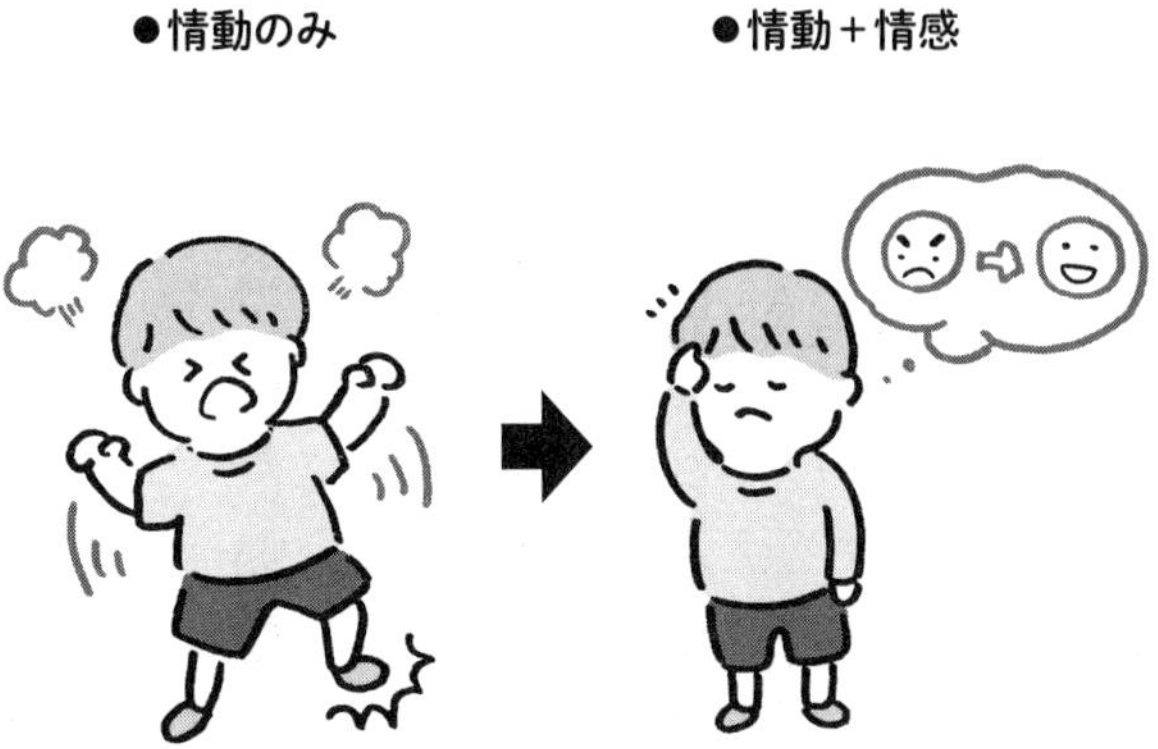


動物は基本的に、「情動」だけで動きますが、人間はそういきません。高度な社会生活を営む生物である以上、怒りや衝動だけで行動すると信用を失いますし、悪くすると犯罪者になってしまいます。

そこで「情感」の出番です。情感は、反射的に生じた怒りや衝動を、冷静な判断によって「安心」や「喜び」に変えることができます。「どうすべきか」を思考して、より合理的な行動に結びつけることもできます。

この「情動」を「情感」によってコントロールする機能の拠点になっているのが、「こころの脳」である前頭葉なのです。

こころの脳が育つことで、感情や衝動を抑

え、じっくり考えることができるようになります。また、自分の気持ちにブレーキをかけられるようになることで、思いやりやコミュニケーション能力なども育ちます。

## 脳が育つ正しい順番とは？

では、3つの脳はどのような順番で育つのでしょうか。

まず何より育てなければいけないのは、「からだの脳」です。

からだの脳が司る機能はすべて、生命の維持に欠かせないものばかりだからです。睡眠、食欲、呼吸は言うに及ばず、情動は命を守ろうとする働きですし、性欲も生命を先につなごうとする原動力です。姿勢の維持も、「重力に逆らって立つ」「椅子の上にきちんと座る」といった、もっとも基本的な身体コントロール力です。そして自律神経は、血液の運搬や体温調整、心臓や内臓の働きなどの体内活動を司ります。

その次に、より高度な機能を司る「おりこうさんの脳」を育てます。

計算したり読解したりする知能、相手に意志を伝える言語、五感をつかって外界を認知する知覚、細やかな心の動き、指先の動き。

これらはいずれも大切な能力に思われるかもしれませんが、「からだの脳」が司る機能とは異なり、なければ死ぬわけではありません。脳というと「知能」や「言語」のイメージばかりが独り歩きしがちですが、これらはあくまで「あれば便利」な機能なのです。

親御さんからすれば、子供に対して、これらの能力を早く伸ばしてあげたいと思われるかもしれません。しかし、実は研究で、人間の基本的な動きを支える「からだの脳」が育っていなければ、おりこうさんの脳もうまく育たないことがわかっています。

ここを勘違いせず、まずは「からだの脳」をしっかり育てることが肝要です。それが、子供にとって何より大事な「生きる力」を形づくります。

そして、最後に育てるのが「こころの脳」です。実は、こころの脳は、おりこうさんの脳に知識や情報などの記憶がある程度蓄積されてから、それらを前頭葉が統合する形で発達していきます。

具体的には、おりこうさんの脳に蓄積された知識や情報の中から、必要な情報とそうでない情報を取捨選択し、前者を速く処理できるように神経回路を太く発達させていきます。したがって、おりこうさんの脳が発達しなければ、こころの脳は発達しません。

つまり、脳は「からだの脳」→「おりこうさんの脳」→「こころの脳」の順番に育てること。これ以外に、正しい順番はありません。

私はよく「からだの脳」「おりこうさんの脳」「こころの脳」を、建物にたとえてお話ししています。

それは一階が「からだの脳」、二階が「おりこうさんの脳」、そして一階と二階をつなぐ階段が「こころの脳」というものです（図2）。

ここで、建物にたとえたのには、意味があります。

二階建ての建物は、例外なく「下から」建てられますね。先に二階をつくって次に一階をつくるのは不自然であり、不可能です。

図2　3つの脳を育てる順番

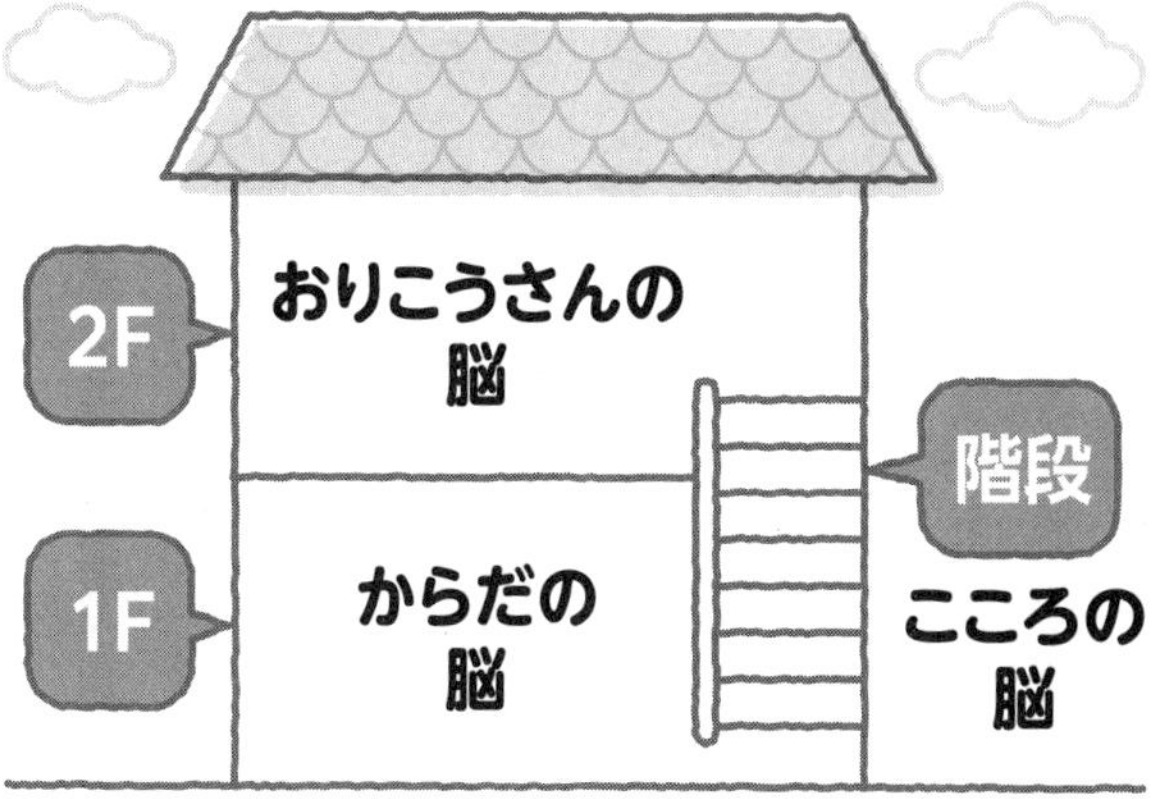


人間の脳も、一階から育てるのが理にかなった方法です。つまり、「からだの脳」を育てた後に、「おりこうさんの脳」を育てる。これが鉄則です。

さらに階段は、一階をつくって、二階をつくった「後に」つくるものですね。実際にこころの脳は、「おりこうさんの脳」の一部である前頭葉と、「からだの脳」とをつなぐ神経回路が発達することで、育っていきます。

したがって、からだの脳を育て、おりこうさんの脳を育て、最後にこころの脳を育てる、これが「順番に沿った子育て」なのです。

脳が育つ順番に沿わない子育ては「二階を先につくる家づくり」なみに無理のあるやり方だということを、最初に覚えておいてください。

## 3つの脳は、いつごろから育つのか

では「からだの脳」「おりこうさんの脳」「こころの脳」はそれぞれ、年齢で言えばいつごろから育ち始めるのでしょうか。それを教えてくれるのが、赤ちゃんです。

生まれたばかりの赤ちゃんは、「からだの脳」さえ出来上がっていないため、「できないことだらけ」です。

まず、「立つ、座る、寝返りを打つ」といった姿勢のコントロールができません。

夜昼関係なく2時間おきに泣いて親の睡眠時間を削ってくるのは、睡眠のリズムができていないせい。泣く理由の第一位は母乳を求めてのことですから、食事のリズムもできていないことになります。

実は、呼吸も不規則です。赤ちゃんはしばしば、10〜15秒ほど無呼吸になることがあります。自律神経も未熟で、体温の調節もうまくできません。

しかしからだの脳は、生まれた直後から急激に成長していきます。

生後3～4か月もたつと、まず首が据《す》わります。5～6か月で寝返りが打てるようになり、7か月ごろ「おすわり」、9か月ごろ「ハイハイ」、1歳くらいで「たっち」。わずか1年で姿勢維持機能がそろってくるのです。

食事のリズムも、生後1年くらいで「3度の食事」がとれるようになり、睡眠にも昼夜のサイクルができます。無呼吸は生後4か月ごろなくなりますし、1歳半ごろには衣服を調節するだけで体温維持ができるようになります。

「からだの脳」の次は「おりこうさんの脳」が育つ番です。こちらは生まれた時点では「からだの脳」以上に無力です。当然ながら、会話も計算も微細運動もできません。

成長が始まるのは1歳前後からで、まず、言葉を話しだします。2歳ごろになると「折り紙」が折れて、3歳ごろからはさみを使えるようになります。小学校に入るころには計算をしたり、作文を書いたりもできるようになります。こうしてだいたい、18歳ごろまで発達を続けます。

最後の「こころの脳」は、10歳ごろから成長します。ですから、小さい子には「思いやり」はまだなくて当たり前です。小学校後半から芽生えだして、中学生以降に、情動と情感がつながります。

## 脳を育てるとは、神経細胞をつなげること

3つの脳を、「いつからいつまで、どのようにして」育てるかは、次章以降で詳しく説明します。

その前に「脳を育てる」とはそもそも何か、そのとき脳の中では何が起こるのか、をお話ししましょう。

生まれたての赤ちゃんの未発達な脳と、大人の発達した脳とは何が違うのか。キーポイントとなるのは、「神経細胞」です。

人間の脳（大脳皮質）の中には、150～200億ともいわれる、無数の神経細胞があります。

その数自体は、赤ちゃんも大人も同じです。神経細胞は生まれる前から、脳のなかにすべて備わっているのです。

しかし、神経細胞どうしの「つながり」には雲泥の差があります。

神経細胞の中心には「星形」のような形の核があり、それぞれの尖《とが》った部分から、「ひげ根」のようなものが生えています。このひげ根を「神経突起」といいます。

ひげ根が互いに絡《から》まり、神経細胞どうしがつながっていくこと、これが「脳の発達」です。

生まれたての赤ちゃんの脳では、神経細胞のつながりはごくわずかです。しかし時間を経るごとにひげ根どうしが絡まり、やがてみっしりと連なる網目模様となっていきます。

脳の中にある200億の神経細胞がすべてつながり合えばゴールと言えますが、成人に達した人の脳でも、大体半分しかつながっていません。つまり、さらに変化する可能性が残されています。この「変化可能な性質」のことを、可塑性《かそせい》と言います。

人間の脳では、死ぬまで新たなつながりがつくられることがわかっています。脳は体内で唯一の、「死ぬまで成長する臓器」なのです。

とはいえ、もっとも可塑性が高いのはやはり、生まれてから5年間の乳幼児期。子育てにおいてはこの時期が一番の「力の入れどき」です。神経細胞をどんどんつなげるべく、腰を据えて取り組みたいところです。

## 3つの脳を網羅する「セロトニン神経」とは

脳内にはさまざまな神経があり、そのすべてがバランスよくつながることが大事です。

しかしそのうち、とくに重要なのが「セロトニン神経」です。

セロトニン神経の中にある神経伝達物質「セロトニン」は、からだの脳・おりこうさんの脳・こころの脳の3つすべてに、好影響をもたらします。

セロトニン神経の拠点は、「からだの脳」にあります。

図3　セロトニン神経の働き

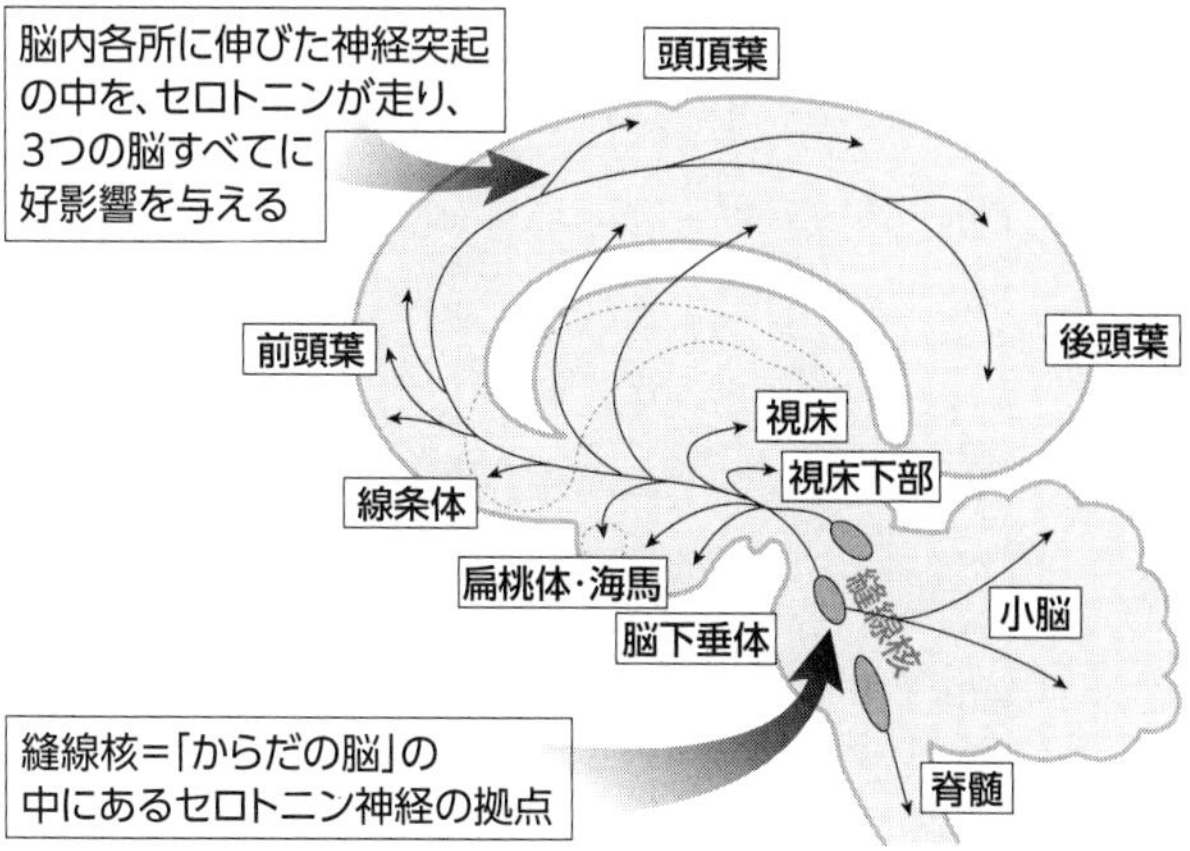


「からだの脳」の中には「縫線核《ほうせんかく》」という場所がいくつかあり、それぞれの中に、セロトニン神経細胞がぎっしり詰まっています。そこから何千万本もの「ひげ根」のような神経突起が出て、脳内各所に向かって伸びています。このひげ根の中をセロトニンが走り、脳のあらゆるところへ情報を伝えていくのです。

セロトニンの働きは、まさに八面六臂《はちめんろっぴ》です。まず、最大の拠点である「からだの脳」で、「一階」の仕事をほぼ全部こなします。睡眠、食事、呼吸、情動、自律神経などを整え、「からだの脳」の機能を支えます。

また、セロトニンは神経突起の伸びた先でも認知や記憶の精度を高め、「おりこうさんの脳」の働きをサポートします。

さらには「こころの脳」の働きも高めます。前頭葉に働きかけて、情動と情感の結び付きをスムーズにするのです。結果、不安や恐怖が抑えられ、落ち着きや判断力が保たれます。

セロトニン神経は、生まれたばかりのころはほとんど働きません。しかしほかの神経細胞と同様、生後5年間の乳幼児期に、「つながり」が爆発的に増えます。繰り返しますが、この時期が「力の入れ時」と心得ましょう。

しかし「力を入れる」といっても、具体的には何をすればいいのでしょうか。

次は、その方法についてお話しします。

## からだの脳は「五感」の刺激を通してつくられる

神経細胞どうしをつなげるのに必要なこと、それは「五感」への刺激です。

ネズミなどの脳を調べた研究では、多くの刺激を繰り返し与えるほど、神経のつながりが増えることがわかっています。

最初に着手する「からだの脳」を育てる段階においては、とりわけこれが重要です。なぜなら赤ちゃんにとっては、五感だけが刺激の入り口だからです。

たとえば視覚。赤ちゃんは言うまでもなく、本に書かれた文章は理解できず、細かい色の違いや模様も理解できません。しかし、明暗の区別や、簡単な色の識別ならできます。

聴覚も同じです。会話の内容や音楽のメロディーを理解することはできませんが、音の大小や高低は区別できますし、快適な音・不快な音といった聞き分けもできます。

また、匂《にお》い・手触り・味わいを感じることもできます。

この五感を刺激する働きかけを繰り返し行うことで、からだの脳が、頑丈《がんじょう》につくられていきます。

そして五感への刺激のなかでもとりわけ大切なのが、視覚刺激です。

朝、日の光をしっかり浴びること。夜は真っ暗にして、光刺激がない状態にすること。これで、朝起きて夜寝るという、昼行性の生物である人間の生活の「基盤」が整います。毎日繰り返せば、セロトニン神経のつながりも促進されます。

ほかには、次のような刺激を得ることが大切です。

**・定期的な食事（＝授乳）をして、規則正しく嗅覚と味覚を刺激する**
**・大人から声をかけたり、表情を見せることで視覚・聴覚を刺激する**
**・外に出て、多くの人やものに触れ、五感全部を刺激する**

子供がこうした刺激を適切に得られる機会を、大人が積極的につくっていくことで、セロトニン神経のつながりが増え、脳が育っていくのです。

次章では、脳のなかでもっとも重要な「からだの脳」の育て方を、さらに詳しく掘り下げていきましょう。

# 第1章

# 「からだの脳」の育て方

## からだの脳とは、生きるための脳

からだの脳は、生命を維持するための脳です。「命を保つ」という、生物として不可欠な力をつけさせて強める。これが子育てにおける、最初にして最重要のミッションです。

ではその方法はというと、すでに何度も言っていますが、「生活リズムをつくる」こと。この一点に尽きます。

人間は、昼行性の生物です。ですから太陽が昇れば目覚めの準備、太陽が沈めば眠りの準備ができるようなサイクルをつくらなくてはなりません。しかし乳幼児期は脳が未発達で、そのサイクルができていません。だからこそ親が「脳育て」をしなくてはならないのです。

「早起きをする、規則正しく食べる、早く寝る」を、ひたすら毎日繰り返し、リズムを身体に沁《し》み込ませ、からだの脳を育てましょう。

しかし、このようなことを聞いて、少々「物足りない」思いを抱く方もいるかもしれません。

「健康的で何よりだが、それで賢く育つだろうか？」

「優秀さや思慮深さを育てるために、何かしなくていいんだろうか？」

そう思った方は、ここでしっかり覚えておいてください。

親御さんがわが子に望むようなこと——聡明《そうめい》さも、コミュニケーション能力も、思慮深さも、やさしさも、発想力も、前向きさも、すべてはからだの脳である「一階」を頑丈に建てることなしには備わりません。

からだの脳が頑丈なら、自動的に「二階」も頑丈になります。からだの脳がしっかりしている子ほど、「おりこうさんの脳」と「こころの脳」がよく育つのです。

そのためにも、最初の5年間は「夜8時に寝る」生活を徹底することを私は提唱しています。

夜8時になったら、眠くなる状態をつくる。夜になったら自然と脳を休ませる生活習慣を身に付ける。乳幼児期の子育てに、それ以外の努力は何一つ要《い》りません。

「たったそれだけ?」と、なお物足りなげな方は、考えてみてください。

「それだけ」のことが、きちんとできているでしょうか。

子供が睡眠を存分にとれていると、自信を持って言えるでしょうか。

## 5歳までは、11時間以上の睡眠が必要

そもそも子供は、大人よりも多くの睡眠を必要とします。読者の皆さんの想像以上に、多くの時間が必要です。

次ページの図は、小児科医が利用する教科書『ネルソン小児科学』に掲載されている、年齢別の必要睡眠時間です。

中~高校生でも8時間以上は必要で、小学校高学年でも10時間近く必要であることがわかりますね。

**図4　子供の年齢別の必要睡眠時間**

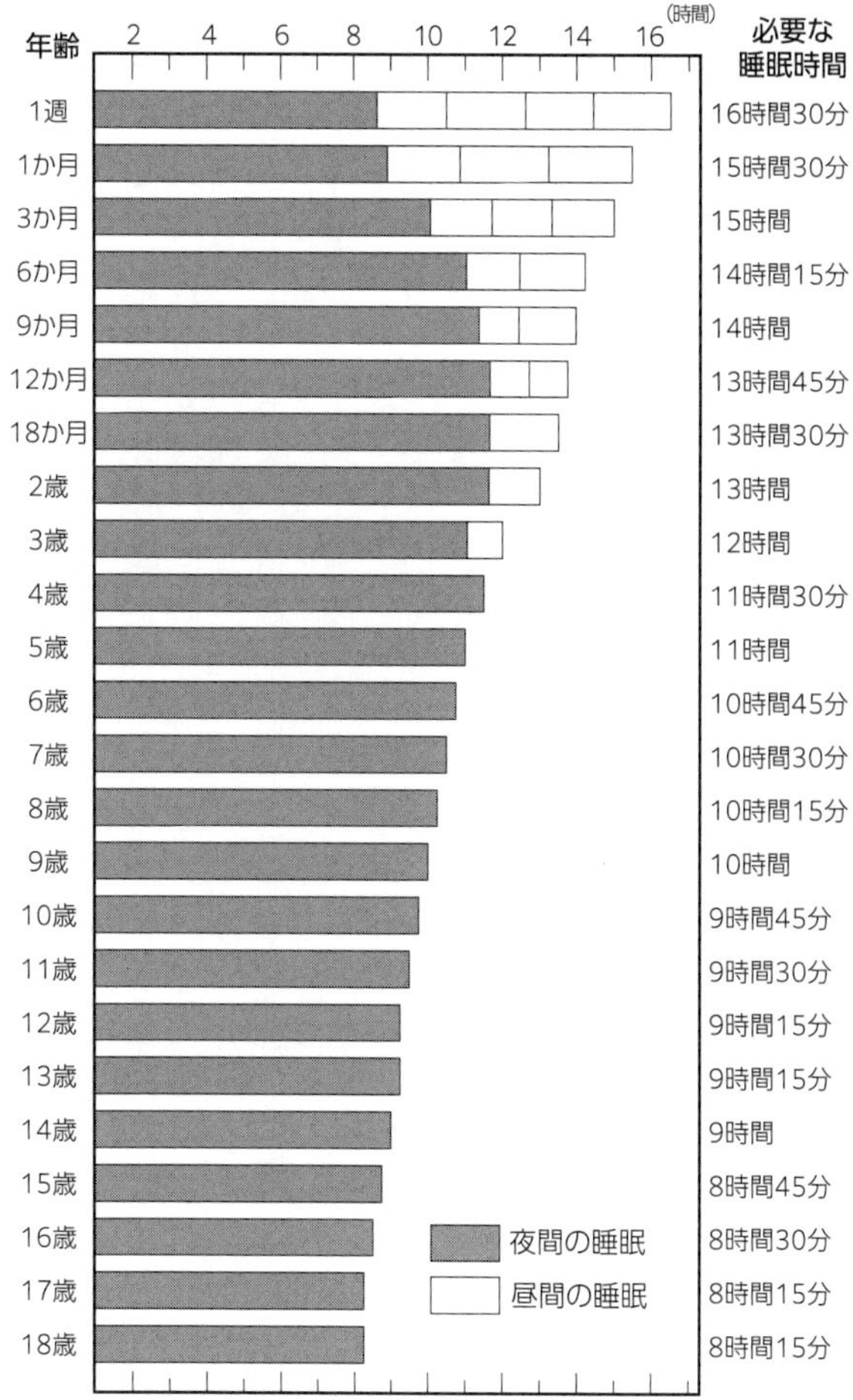


(出典)Nelson; Textbook of Pediatrics, 19th ed, 2011より作図

では、乳幼児期はどうでしょう。おどろくべきことに、生まれたばかりの子供は16時間以上、1〜3歳ごろは12時間が昼寝を含めて必要です。5歳ごろになると昼寝がなくなるので、11時間の夜間連続睡眠が求められているのです。

実際にこれだけの睡眠が取れている子供は、日本では非常に少数です。

そもそも日本人は、諸外国に比べると睡眠不足気味です。厚生労働省の調査によると、日本人の成人の1日平均睡眠時間は6〜7時間がもっとも多く、次に多いのが5〜6時間です。それに比べ、欧米人の平均睡眠時間は約8時間と、大きな開きがあります。なので、この教科書通りは無理としても、せめて教科書マイナス1時間の睡眠時間は確保しましょう。

5歳なら夜8時に寝て朝6時に起きる、これで10時間です。小学生なら夜9時に寝て朝6時に起きる、そして中高生なら夜10時に寝て朝6時に起きる。このようにつくっていけば「からだの脳」は万全に育ちます。これが、私が乳幼児期は「夜は8時に寝かせることだけを目標にしよう!」という根拠です。

## 早く寝かせるためには、早く起こす

「夜8時に寝かせるなんて無理です。うちの子は寝つきが悪くて」

こんなことをいう親御さんがよくいらっしゃいますが、それは十中八九、「そもそも起きるのが遅い」ことが原因です。

朝が遅ければ、夜遅くまで眠くならないのは当然で、そこを無理に寝かしつけようとしても効果はありません。

早く寝かせるには、「早く起こす」ことから始めるのが正しい方法です。「朝6時台」を目標に、今の起床時間を徐々に早めていきましょう。

しかし遅く起きるクセがついた子ほど、なかなか起きてくれないと思います。

そんなときは、本人の「好きなこと」で興味を引き、楽しい気持ちを起こさせるのがコツです。

たとえば、お気に入りのおもちゃを見せる、録画しておいた好きな番組の音を流

●好きなことで興味を引く

●光の刺激を少なくする

す、などなど。

でも、こうして早く起床できても、日中に寝てしまうと努力も水の泡です。昼寝は1時間程度に抑え、夕方もうっかり寝かせてしまわないように頑張りましょう。そうすれば、自然に夜7時頃から眠くなってきます。7時を過ぎたら、「夜の睡眠」になりますので、そのままで朝まで寝かせましょう。

幼児期ならば、これを一週間続けるだけで、リズムがかなり整います。


さらに夜、寝付きを良くするためのコツもあります。

就寝時刻が近づいたら、光の刺激を減らしてしまうのです。徐々に照明器具の光を暗くし、テレビ、タブレット、スマホなどはオフに。興奮する遊びも控《ひか》えましょう。

そのためには、お風呂は、就寝1時間以上前に済ませましょう。お風呂でいったん上がった体温が低くなっていくとき、副交感神経（休息時に働く自律神経）のスイッチが入り、スムーズに入眠できます。

そしてこれらの流れを、毎日同じタイミングで行うことが大事です。なぜなら脳は、「繰り返しの刺激」によってつくられていくものだからです。

夕食、お風呂、テレビを消す、寝室に行く……といったひとつひとつの行動を、同じ時間に行うことが大事です。「今日はちょっと遅くなってもいいか」といった例外をつくらず、淡々と毎日、繰り返しましょう。

## 睡眠中、脳では何が起こるのか

睡眠には、ノンレム睡眠とレム睡眠があります。睡眠にまつわる本を読んだことがある方なら、聞いたことがある人も多いと思います。

ノンレム睡眠とは、脳の深い部分が休む、深い眠りです。

対してレム睡眠は、ノンレム睡眠より浅い眠りです。覚醒《かくせい》まではしないものの、脳は活動しています。

一晩の睡眠では、ノンレム睡眠とレム睡眠が交互に繰り返されます。

図5　レム睡眠とノンレム睡眠

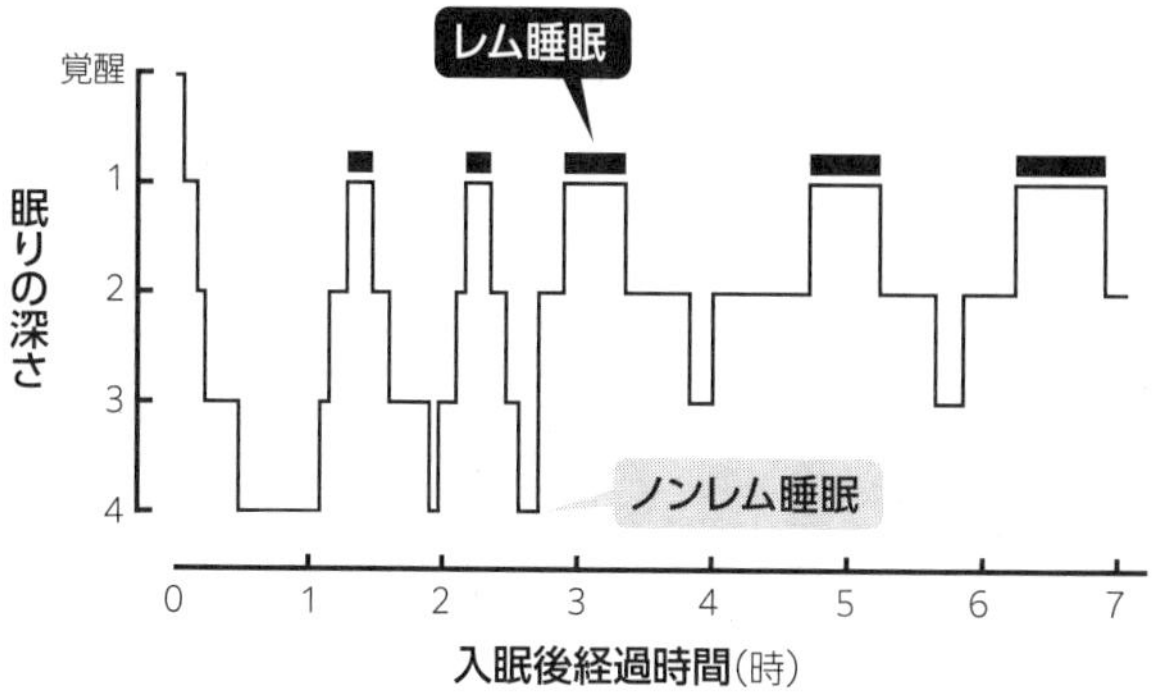


(出典)Dement&Kleitman.1957より作図

入眠から約30分後に、ノンレム睡眠の中でも、もっとも深いレベルでの眠りが訪れます。その後、レム睡眠が訪れ、またノンレム睡眠が訪れ……というサイクルが4～5回繰り返されますが、朝が近づくほど、レム睡眠の要素が多くなります。ノンレム睡眠のレベルも、後ほど浅いものになり、徐々に覚醒に近付いていくのです。

ノンレム睡眠とレム睡眠には、それぞれ役割があります。

ノンレム睡眠は「脳と体の休息・回復」の時間です。日中に蓄積された脳内や体内の疲れが、この時間に取り除かれます。

その作用をもたらすのが、成長ホルモン

です。ノンレム睡眠中に大量に分泌される成長ホルモンが、傷ついた細胞を修復し、骨や筋肉を形成します。ほか、免疫力の向上や、集中力・記憶力・知能の発達にも効果を及ぼします。

もう一つ、前章で紹介した「セロトニン」も分泌されます。セロトニンは朝にもっとも多く出ますが、ノンレム睡眠中にも少量出るのです。

一方、レム睡眠は「脳内の情報の整理」を行います。日中に起こった出来事や経験、勉強したことなどのうち、記憶すべき情報とそうでない情報を選別し、前者だけを保存します。不快な記憶を深いところにしまいこんで思い出しにくい状態にする、といった機能も果たします。睡眠が不足すると憂鬱《ゆううつ》感が出やすいのは、レム睡眠中の作業時間が足りなくなるからです。

両者の役割はいずれも重要ですが、こと乳幼児期の子供の脳に関しては、ノンレム睡眠中の成長ホルモン分泌が最重要です。

この成長ホルモンの分泌量がもっとも高まる時間帯があります。それが、午後10時～午前2時の時間帯。ここから逆算すると、午後10時には熟睡している必要があり、

PHP新書

PHP研究所

# 道

自分には　自分に与えられた道がある
天与の尊い道がある
広い時もある　せまい時もある
のぼりもあれば　くだりもある
思案にあまる時もあろう
しかし心を定め　希望をもって歩むならば
必ず道はひらけてくる
深い喜びも　そこから生まれてくる

松下幸之助

そのためには午後9時には眠りについておかなくてはなりません。

だからこそ、乳幼児期の初期から「夜8時就寝」の習慣づけが不可欠なのです。

## 睡眠が取れれば、食事も摂れる

からだの脳をつくるためには、食事のリズムを整えることも重要です。

食事に関して「うちの子は全然食べてくれなくて」と悩む親御さんが多いですが、無理に食べさせようとするのは、良い解決策ではありません。

実はここでも「寝かせること」が有効です。なぜなら子供は、良く眠れてさえいれば、よく食べるようになるからです。

その秘密は、睡眠中に働く「副交感神経」という自律神経にあります。

自律神経には、活動時・緊張時に働く「交感神経」と、休息時・リラックス時に働く「副交感神経」があります。

副交感神経が優位な時、人は呼吸が深くなり、脈拍数が下がり、血管が緩んで体のすみずみまで血液が送られます。そして胃腸では、消化活動が行われます。

睡眠中は副交感神経が働く時間帯ですから、よく眠ればそれだけ消化は進みます。質・量ともに十分な睡眠をとれていれば、朝には自然と空腹になり、食欲がわきます。きちんと寝かせれば「食べさせよう」とするまでもなく、自発的に「食べる」ようになるのです。

このしくみを知らない親御さんは意外に多く、その結果、子供の睡眠時間と栄養摂取が不十分になるケースが多々あります。

中でもよく見られるのが、「お父さんの帰りをお母さんと子供が遅くまで待っている」というパターンです。

子供と触れ合う時間はどうしても母親のほうが多くなりがちだから、父親との時間も持たせたい。そのためにお父さんの帰りを待っておこう——という「親心」で、子供を起こしておくのです。

父親との時間を持つことはもちろん良いことですが、そのために子供の睡眠時間や生活リズムが乱れてしまっては本末転倒です。からだの脳をつくるために、何より優

●帰りの遅いお父さんを待っていると……

●生活リズムが崩れ、「からだの脳」が育たなくなる

先すべきは睡眠である、という視点で、子育てのすべてを考えてほしいと思います。

## 早起き習慣で、子供はめきめき元気になる

私が代表を務める「子育て科学アクシス」には、「お父さんを待つ」という間違った習慣によって睡眠リズムが乱れてしまったお子さんがたくさん来られます。

たとえば、ある5歳の女の子は、朝起きることができなくて、幼稚園に行けない状態が続いていました。無理して起きるとクラクラして具合が悪く、食欲もゼロ。朝ごはんを食べさせるのに時間がかかって、幼稚園の時間に間に合わなくなる、という状態が日常化していました。

見ると確かに、顔が土気色《つちけいろ》で立っているのがやっとという様子です。明らかに睡眠が足りていないのがわかりました。

話を聞くと、就寝時間は夜中の12時ごろということでした。帰りの遅いお父さんを母子で待ち、帰宅したお父さんとひとしきり遊んでから寝るのが日課になっていたの

です。

そこでお母さんに、その習慣の弊害と、早寝早起きのコツを説明し、その日から少しずつ、起床時間を早めていきました。

朝は10時近くに起きていたのを徐々に前倒し、朝の7時ごろに起きる習慣が身に付いたころ、その子の体調は一変していました。

朝一番に、親御さんが「新聞取ってきて」と頼むと、パッと立ってポストまで行き、笑顔で戻ってくるようにまでなりました。毎日フラフラと危なげだった以前とは大違いです。

朝ご飯もパクパク食べて、元気に登園するようになりました。ほかの子たちより早く着くようになったので、遊具で遊びながらお友達を待っているそうです。

その結果、集中力も飛躍的に上がりました。以前は何をするにもボンヤリしていた様子だったのが、熱中して絵を描いたり、字を書いたりすることを楽しむようになりました。

なお、乳幼児期を過ぎても、このケースと同じく「起きられない」「ふらつく」といった症状を訴える子供は大勢います。そうした子の多くは「起立性調節障害（OD）」と診断されます。

起立性調節障害の症状は、朝起きられない、立ち眩《くら》みやめまいがする、乗り物酔いしやすい、など。頭痛や腹痛を伴う場合もあります。

小学生では約5％、中学生では約10％が起立性調節障害と診断されています。また、不登校児の3～4割が該当することがわかっています。罹患《りかん》しやすい年齢は思春期とされますが、20代や30代にも見られます。

起立性調節障害は、ストレスや自律神経の不調など、複数の要因によって引き起こされます。その意味では、自律神経がまだ十分に育っていない乳幼児期は、思春期以上に注意すべき時期と言えます。自律神経を司る「からだの脳」を頑丈にすること、睡眠をしっかりとることが、何よりの予防策であり改善策なのです。

## 「子供に尽くす母親」になっていないか

十分な睡眠が必要なのは、親に関しても同じことです。

子供の睡眠時間は、親の生活リズムに強い影響を受けます。親に「寝なさい」と言われて布団に入っても、夜遅くまでリビングで物音がしていたり、テレビがついていたりしては子供も気になって眠れません。子供を寝かせたいなら率先垂範、まずは親から「早く寝る」生活を始めましょう。

「家事が残っているから、そう早くは眠れない」と思った方もいるかもしれませんが、その家事は翌日の朝に回しましょう。夜と違って時間が限られていますから、集中して短時間で進めることができ、時短効果もアップします。

また、「朝も夜もやることが多いから、睡眠を削るしかない」と思った方、それはもしかすると、しなくていい用事をしているかもしれません。

親御さん、とりわけ母親には、しばしば「子供に尽くし過ぎて」睡眠不足になっている方がいます。

凝ったお弁当や手芸品など、子供に持たせるものにやたらと時間と労力をかけるお母さんはその典型例です。

それで十分睡眠がとれていれば問題はありません。ですが、そのタイプのお母さんは、子供が小学校~中学校へと進んでいくと、尽くしぶりに拍車がかかる傾向があるように思います。フルタイムで仕事をしながら子供の塾の送り迎えをしたり、宿題をつきっきりで見て自分のための時間は深夜に回したり……。

そうした方々はたいてい、幸せそうには見えません。睡眠不足で心身共に疲弊し、イライラして子供に当たってしまうという話もよく聞きます。中には、疲労とストレスを蓄積させた末に大病を患《わずら》うお母さんもいます。これでは子供のためどころか、子供を不幸にしてしまいます。

子供は、自分のために身を削る親を見て「幸せだ」などとは感じません。

人の痛みのわかる子ほど「お母さん、大丈夫かな」と不安になりますし、疲れているのが「自分のため」だとわかれば、苦しい思いをします。

そういう子は、親を喜ばせようと思って子供なりの努力をするのですが、親は睡眠不足で余裕がなく、子供の気遣いに気づくことはまれです。「何やってるの?」「今、時間ないの」などとすげない対応をとられ、立つ瀬のない状態になっているお子さんが大勢います。

心当たりのある方は、今している用事の簡略化を図りましょう。そして6〜7時間の睡眠を確保するのです。すべてはそこから始まります。

家事より何より大事なのは、自分自身の健康。親がいつも元気で、笑顔でいてくれることが、子供にとってはもっとも幸せなのです。

## 早いうちからの習い事は必要ない

子供のためと思いきや、実は逆効果になっていることは、ほかにもあります。

たとえば、共働きのご夫婦は「子供に十分に手をかけられていない」という罪悪感から、休日にたくさんの「おけいこ事」をさせてしまうことがあります。

「専業主婦なら、私がもっと色々教えてあげられるのに」

「これでは小学校に入ったあと、勉強が遅れてしまうかもしれない」

と焦《あせ》って、外注で脳育てをしようとするわけです。

しかし、これは「脳が育たない子育て」の典型例です。

前章で、からだの脳を育てるには五感を繰り返し刺激することが重要だ、とお話ししましたね。

朝の光を浴びる、夜は真っ暗にして早く寝る。

同じ時間に3度のごはんを食べる。

子供の顔を見て表情豊かに、明瞭《めいりょう》な声で語り掛ける、など。

これらの刺激はすべて、日々の「生活」を通して行われます。

平日は保育園に任せるしかないとしても、週末や休日はお父さん・お母さんがそれを行えるチャンスです。その貴重な時間をおけいこ事に費《つい》やしてしまうのは、子供を疲れさせるだけで、何のメリットもありません。お金も時間も、非常にもったいないです。

我が家の場合、お金を払うのは塾や教室ではなく、ベビーシッターさんでした。

娘の幼少期は夫が単身赴任中で、私も仕事で多忙とあって、夜、なかなか早くは帰れない日がありました。そんなときはベビーシッターさんに面倒をみていただきました。

そのときももちろん、「夜8時就寝」は厳守。でもそれ以外に、娘に何かを学ばせたり、習わせたりしたことはありません。

5歳までの子供は、ただ寝かせる、起こす。これだけでいいのです。

わざわざ新しく用事を増やさずとも、むしろ増やさないほうが、からだの脳の成長が促《うなが》されます。

## 「教育パパ」が増えている

近年、育児に参画する男性が増えているのはとても喜ばしいことです。母親の負担が減ること、子供が父母双方と密なコミュニケーションをとれることなど、その効用は計り知れません。

しかし一方で、育児に積極的な「意識高め」の男性にはときどき、子育てを誤解している方がいます。

子育てを、「学習」「教育」とイコールだと思っているのです。

たとえば、先ほどお話しした「習い事のハシゴ」も、お母さんではなく、お父さんの方針で行っているケースをよく目にします。

「お受験」に熱心なお父さんも増えています。母親は「子供はのびのび育てればいい」と思いつつも、夫の熱量に押されてしぶしぶ従う、という構図もよく目にします。

教育熱心なお父さんたちは、子供が小さいうちから「知的なこと」に触れさせなくてはならない、と思いがちです。

1970年代の「早期教育ブーム」以来、日本では教育の開始を過剰に早く始めたがる親が、どの世代にも一定数います。「最初の5年で才能が決まる」といったフレーズに急《せ》かされ、子供を勉強やスポーツなどに駆り立てるのです。

そこにはしばしば、親が、自分が叶えられなかった夢を子供に託す「リベンジ」の心理が働いています。自分より良い大学に行かせるためにせっせと塾に通わせたり、自分が習いたくてもできなかったピアノをやらせたり。

ちなみに、高学歴な親でも「リベンジ」に走ることは珍しくありません。

一流大学を出て一流商社で働いているお父さんが、「自分は、本当は医者になりたかったのになれなかった」「だから子供はぜひ医学部に入れたい」と、毎日会社から帰った後、子供の横に張り付いて猛勉強させていた例もあります。

これが、子供を無視した子育てであることは明らかです。子供に自分の希望を叶えてもらおうとするのは、子供に依存し、かつ子供を支配することです。

この手の「早すぎる教育」を強《し》いられた子供は、幼児期～学童期ごろまではおおむね成績優秀で従順ですが、その後かなりの高確率で、うまくいかなくなります。思春期を迎えるころ、成績の伸び悩みや人間関係トラブルに見舞われ、引きこもりや非行に走ることが多いのです。親に対しても、通常の反抗期のレベルを超えた、「断絶」に近いほどの拒否反応を示す子もいます。

「教育」は、そのようなリスクをおかしてまで行うべきことでしょうか？

「いい教育を受けさせるのが『子育て』だ」という誤解から、一人でも多くの親御さ

●「早すぎる教育」を子供に強いると……

●かえって引きこもりや非行に走る

んが抜け出すことを願うばかりです。

## 何代もの親子を振り回す「愛情」というワード

間違ったアプローチをする親に、もちろん悪気はありません。みな、子供のためを思ってしてしていることです。

「子供のために自分の時間を削るのが愛情だ」
「お父さんの帰りを待って、コミュニケーションを持たせるのが愛情だ」
「早くから教育を受けさせるのが愛情だ」

と、皆さん思っているのです。

この「愛情」というワードは厄介です。愛情自体は素晴らしいことですが、何をもって愛情とするかの解釈は、ひとりひとり違います。日本における子育て論は、かれこれ50年以上も、客観的な指標なしに「愛情を注ぐべし」と世の親に言い続けてきました。

その端緒は、1960年代にあります。イギリスの精神科医・ボウルビィの「愛着理論」を下敷きとした「三歳児神話」というものが、日本の親たちの間で熱く支持されました。3歳までは母親がつきっきりでスキンシップをとるべし、という「掟《おきて》」を守って生きたお母さんたちが、「愛情」にとらわれた第一世代です。

彼女たちは、高度経済成長期における「モーレツ社員」の妻たちです。サラリーマンとして働く父親と、家事育児に専念する母親という組み合わせが、当時はもっともポピュラーな家族のかたちでした。

その子供たちは、現在40代~50代を迎えています。興味深いのは、2000年代以降にさかんになった、いわゆる「毒親本」の著者が、だいたいこの世代に該当することです。母親の愛情が重かった、何かにつけて束縛された、過保護にされて苦しかった、といった恨みつらみが、大人になってから噴出した形です。

一方でこの世代も、自分たちが思うところの「愛情」を子供たちにかけています。

彼らが親になった平成期は、お受験ブームに象徴されるように、教育と愛情が分けがたく結びついた時代です。しかし、教育熱心な親に育てられた子供たちが道を踏み外しやすいのはすでに述べた通りです。10代後半～20代となった子供たちがそのひずみを見せ始めたことで、教育偏重の育て方の弊害も顕在化しています。

では、これからの世代はどうすべきか。現在子育て進行中のお父さん・お母さんが注ぐべき「愛情」とは何か――ここまで読み進めてこられた皆さんなら、もうお分かりでしょう。

## 最初の5年間に必要なのは、大人の我慢と根性

私はよく、乳幼児の親御さんたちに「とにかく、我慢して待とう」と言います。早くから「お勉強」の類を身に付けさせたいという思いをぐっと我慢して、最初の5年間はひたすら、早く寝て早く起きられる脳をつくることに専念しよう、という意味です。

最初の5年は、この本でお伝えするシンプルな子育ての中で唯一、「根性」が必要な時期です。「早く寝かせよう」と口で言うのはたやすいですが、実際に子供が生活

リズムを身に付けるまでは、それなりに労力がかかります。

それは、生まれたての赤ちゃんという無力な存在を、「原始人」レベルに育て上げるプロセスとも言えます。

「原始人に育てる」とは、日の出とともに活動を開始し、日没とともに休息するという「昼行性動物」の基礎を備えさせることです。文字通り原始的ではありますが、これこそが生きる力の源。「人間未満」の状態からそれを備えさせるのは、かなりの大仕事です。

しかしこの時期さえ乗り切れば、もう根性は要りません。

「子育ては、後になるほどラクで、楽しくなる」。これも、よく親御さんに語っていることです。

こう言うと「逆では？」と感じられる方がいるかもしれません。アクシスに来られる親御さんからも、「昔はかわいかったのに、どんどん生意気になって」「5歳のころに戻ってほしい」と嘆《なげ》く声をよく聞きます。

しかしそれは――厳しい言い方になりますが、子供を「ペット」のように見ているせいかもしれません。大人の思うがままに動いてくれることを「かわいさ」だと思っている親は、本人に自我が芽生えてくるに従い、落胆や苛立《いらだ》ちを覚えがちです。それは子供を別個の人格として尊重していない、ということではないでしょうか。

私に言わせれば、5歳までの子供は、別段かわいくはありません。原始人ならではの「面白さ」は始終感じますが、文明人たる大人と通じ合う部分はわずかです。

そんな子供が、近代人、現代人へと「進化」をとげていくのです。そのさまは一種感動的とさえ言えます。

ですからまずは我慢と根性で、子供を「立派な原始人」に育て上げましょう。からだの脳という、「生きる力」の基盤を堅固に備えさせ、その後の目覚ましい変化を待ちましょう。我慢と根性の後には、「楽しい子育て」が待っています。

## 子育ては、後ほどどんどんラクになる

次章でお話しする「おりこうさんの脳」育ては、「からだの脳」育てのような根性

を必要としません。

予告もかねて簡単に言いますと、おりこうさんの脳をつくるには、「親が好きなことを、子供もまきこみながら行う」のが基本です。「寝かせる」のと違って、親も楽しめます。

からだの脳が備わり、おりこうさんの脳が育つと、その次に形成されてくるのが第3章の「こころの脳」です。

この段階は年齢で言うと10～18歳ごろ。とくに大きく育つのが小学校高学年～中学生の時期で、ここで初めて、「他者を思いやる心」が育ってきます。

そうなるといよいよ、子育てはラクになります。「お母さん、忙《いそが》しいんじゃない？手伝うよ」という言葉が、ごく自然に子供から発されるようになるのです。手のかかることが少なくなる有難さはもちろんのこと、気持ちを共有し、分かち合える喜びも味わえます。

最初の5年間の頑張りによって「後ほどラクになる」のは、親だけではありません。子供自身も、からだの脳がきちんとできると、その後の人生を生きやすくなります。

ここで再び、思い出してください。脳の発達とは、神経突起のつながりが増えていくことでしたね。そしてその方法は、五感に繰り返し刺激を与えることでした。

この作業は、建物に電気の配線をするようなものです。部屋ごとに電線をめぐらせ電球をつけるとき、電線のつながりが多ければ多いほど、たくさんの電球がともります。

脳という建物には、必要数よりもたくさんの配線をしておくことが大切です。一部屋に一つしか電線がなければ、電線が一本切れただけで真っ暗になりますが、予備がたくさんあれば部屋は明るいままです。

電線が多い脳は、人生で起こりうるさまざまな「想定外」に、高い対応力を発揮します。トラブルや挫折《ざせつ》、逆境にも強くなります。多様な視点で物事を柔軟にとらえ、簡単に絶望せず、対策を考え、切り抜けていく力を備えられるのです。

そのすべての基盤が、からだの脳の機能である「生命を保つ力」であることは言うまでもありません。ぜひ子供の脳に多くの電線を張り巡らし、これからの人生を切り開いていく子供を強力にサポートしましょう。

# 第2章

# 「おりこうさんの脳」の育て方

# おりこうさんの脳は、勉強させても育たない

「おりこうさんの脳」は、私たちが「脳」と言われて最初にイメージする、しわしわの部分。部位で言えば大脳新皮質にあたります。

おりこうさんの脳が司るのは、言語能力や計算力、記憶力、スポーツの巧みさや手先の器用さなど。加えて、知識や情報を蓄積し、それらを必要なときに思い出しながら考えをまとめる力も、おりこうさんの脳の領域です。社会のルールや常識も、この脳に蓄えられます。

おりこうさんの脳は、からだの脳より少し遅れて1歳ごろから育ち始め、18歳ごろまで成長し続けます。成長の中核期となるのは、6～14歳ごろの小中学生時代です。従って、おりこうさんの脳育ては1歳から始めるにしても、本格化させるのは小学校に入ってから。乳幼児期は「からだの脳」が最優先、と心得ましょう。

そしてもう一つ、覚えておいていただきたいことがあります。

「おりこうさんの脳」を育てることは、学校の宿題をさせたり塾に行かせたりすることではありません。親が無理やり勉強させても、おりこうさんの脳は育ちません。

「おりこうさんの脳を育てる」とは、本人が「勝手に勉強しだす」ような脳をつくること。物事に興味関心を抱き、好奇心の赴《おもむ》くまま自発的に知識を求め、思考や探求を深めていこうとするベースをつくることです。


では、そのために親ができることは何でしょうか。

その答えは、経験を積ませることです。子供が、自分をとりまく世界を見る・知る機会を多く与えることです。

その機会のなかで、もっとも重要なのが「家庭生活」です。

家庭は、もっとも小さな単位の「社会」。そこでの生活は、他者との共同生活を学ぶことを意味します。子供が、家庭という社会の一員として自らを位置付けることが、広い世界を知るための、最初の一歩となります。

「家庭で生活するなんて、どの家でもしていることではないか」と思われたでしょうか？

では振り返ってみてください。皆さんは子供を、家という社会に参画させているでしょうか。あれこれ世話を焼いたり、失敗しないように先回りしたりして、「お客様」扱いをしていないでしょうか。

これもまた、愛情のつもりで、脳の成長を阻む育て方です。

それよりはるかに簡単で、それでいて子供の知性を伸ばす育て方を、この章を通して知っていただきたいと思います。

## 子供の役割をつくり、自己肯定感を上げる

今どきの子供たちを見ていると、家庭生活がはなはだ不十分だと感じます。親が身の回りの世話をしすぎて、「お客様」どころか「王様」になっている子が大勢います。

朝はお母さんが起こしてくれて、朝食をつくってくれて、お弁当を持たせてくれて、学校から帰れば塾の送り迎えをしてくれて、塾から帰ればお風呂が沸いていて、

✕ 何でもやってあげる → 王様になってしまう

○ 子供に「役割」を与える

お風呂から出ればつきっきりで学校や塾の宿題を手伝ってくれて……。

そんな生活では、一人前になれません。必要なものが労せずして提供されてばかりでは、何かを求める心＝物事への関心も生まれません。

さらに言うと、自己肯定感も育ちません。すべてが人任せだと「自分は〜できる」という実感を得られないからです。

物事への関心と自己肯定感を育てるには、生活の主体になることが不可欠です。つまり、家庭の中でなんらかの「役割」を担わせることが必要なのです。

どんなことでも構いません。「新聞を取ってくる」でもいいですし、「ゴミ出し」でも、「洗濯物を畳む」でもいいでしょう。

一度決めた役割は、必ず子供にさせること。さぼったときも、親が代わりにしてあげるのは厳禁です。ゴミが溜まろうが洗濯物が溜まろうが、ここは我慢のしどころ。目も当てられない状態になったとき、子供は必ず「自分がやらなければ、家庭が回らない」と認識します。

自分の役割を果たさなくては、家族が困る。疲れていても面倒でも、これだけは自分が責任を持ってやらなければ――と知ることで、子供は自己コントロール力を備えます。

それだけではありません。役割を果たして感謝されることの喜びや、慣れるに従って段取りや作業が上手くなっていく達成感も味わいます。小さな社会の一員として役立っていることへの、誇りも得られます。

その自信と自己肯定感は、子供の「一生モノ」の宝となるでしょう。

## 学童保育より「鍵っ子」がベター

共働き家庭の増加に伴い、学童保育を利用する児童が増えています。

しかし私は、このシステムにあまり賛成できません。

「女性活躍」の旗印のもと、母親が働きやすい環境整備の一環としてつくられた制度ではありますが、「脳育て」にはマイナスに働くと考えます。

学童保育は一見、メリットしかないように思えます。専門知識のある大人に預かってもらえるので両親とも安心して働けるし、子供には仲間ができて、遊べて、勉強も教えてもらえて、いいことずくめに見えます。

しかしデメリットもあります。仕事の後に親が迎えにいくのは、おそらく18時以降になります。それから買い物をして、夕食をつくって、食べて、お風呂に入って……となると、20時や21時に寝るのはまず無理です。

そして何より大きいのは、家庭生活がおろそかになるというデメリットです。学童保育では、家庭生活の中でつくるような「役割」が発生しません。

役割とは、用事をすることに限りません。「決まった時間にご飯を食べる」「早く寝る」といった約束事を守るのも、子供の大事な仕事です。昼間に親がいなくとも、それを守ることで、子供は家族の一員としての自覚を持つのです。

ですから私は、子供が小学校低学年の間は学童保育ではなく、ベビーシッターさんに来ていただいて、食事の時間・寝る時間を厳守してもらっていました。

ベビーシッターというとお金がかかるイメージを持たれがちですが、社会福祉協議会など公的機関の制度を利用すれば、多くのご家庭でお稽古事に費やしている費用と大差なくなります。

高学年になれば、大人に世話をしてもらう必要もないので「鍵っ子」でOK。このころになると、自分で時間管理をして「遊ぶ」「宿題をする」「休憩する」「自分が担当している家事をする」などのタスクをこなす力もついてきます。

働くお父さん・お母さんにはぜひ、この「脳育て」の機会を逃さないようにしていただきたいと思います。

## 失敗も想定内で、やらせてみよう

子供に役割を与えることは、子供を信頼することとイコールです。

信頼とは、単に「上手にできるはず」ということではありません。むしろ最初の段階では、下手で当たり前、時間がかかって当たり前、失敗して当たり前です。

人は誰しも、失敗しないと成長しません。数々の失敗を見守りながら、「いずれ必ず、できるようになる」。このような長期的な視野を備えた「信頼」を持ちましょう。

とすると、最初のたどたどしい時期をいかに持ちこたえられるかが勝負です。しかし残念ながら、この関門を越えられない親御さんは少なくありません。

「無理しなくていいよ、お母さんにちょうだい」と優しく言って引き取るか、「何やってるの！　もういい、私がやったほうが早いわ」とキツイひとことと共に奪うか、いずれにせよ、信頼が十分でなかったわけです。

ではどうすれば信頼できるかというと、親自身が健康になるのが一番です。早寝早起きして十分な睡眠をとっていれば、心の余裕が生まれて「下手だけど、まあいいか」と思えるものなのです。

他方、子供が失敗するときに「痛い思い」をするのがかわいそうだ、と思う親もいます。たとえば料理なら、包丁で手を切ったり、熱い鍋を触って火傷《やけど》をしたりしないか心配になるのです。たしかに、失敗にはケガが伴うことが多々あります。

しかしそれも大事な経験です。それにより子供は、危険回避の術《すべ》を学ぶからです。

これは「からだの脳」に属することですが、危険に対して身を守る反応は「反射神経」の領域です。

たとえば電車の中で立っているとき、電車が大きく揺れれば反射的につり革をつかみますね。それは子供のうちから「体のバランスを保たないと転ぶ」場面をたくさん経験してきたからです。ときに転んで痛い思いをしながら、どのように体を扱えば良いのかを知ってきたのです。

子供にも同じように、その経験を与えることが必要です。大ケガをしない程度の危険に、少しずつ触れさせることが望ましいのです。

心配なのはわかります。危険の度合いの「匙《さじ》加減」も難しいでしょう。それでも、リスクを背負いつつ見守るのが親の役割。「転ばぬ先の杖」をいつも用意している限り、子供はリスクマネジメントを覚えられません。でこぼこ道を走る子供を、あえて「転ばせる」勇気を持ちましょう。

## 子供に体験させるときは、親が好きなことを

家の外の世界に触れることも、おりこうさんの脳を成長させます。

積極的に子供を外に連れ出し、さまざまな風景や、建物や、食べ物や、人に触れさせましょう。博物館や美術館に行って、科学や芸術に触れるのもおすすめです。経済的に余裕のあるご家庭なら、海外旅行で世界の国々を実体験させるのも良いでしょう。

ただし何をするにせよ、外してはいけない条件があります。

それは「親自身が好きなこと・楽しいこと」をすることです。

自分がスポーツに興味がないのにスポーツ観戦に行ったり、英語が苦手だったのに子供に英会話を習わせたりしても、おそらく子供はそれを好きにはなりません。

まず親が楽しみ、そこに子供を参加させ、一緒に楽しむのが正解。この「楽しさ」の経験が、子供の世界を豊かにします。

好きなことの傾向が、父親と母親で異なることもあるでしょう。たとえばあるご家庭では、お父さんは釣り好きで、お母さんは映画好きでした。そして子供はというと、小さいころにお父さんに連れて行ってもらって以来、釣りに夢中だそうです。休日はしょっちゅう二人で釣りにでかけ、その間、お母さんは自由に、好きな映画を満喫していることのこと。

このように、子供がどちらの「好きなこと」に夢中になるかはわかりません。我が家の場合で言うと、娘は私の「自然博物館好き」にはさほど興味を示しませんでしたが、夫の「歴史好き」は「刺さった」ようです。

一方で、私は演劇やミュージカルも大好きで、毎年『レ・ミゼラブル』や『マンマ・ミーア！』の国内外の舞台を娘と一緒に観てきましたが、こちらは大当たり。中学高校時代は演劇部に入り、今や私顔負けの舞台好きになっています。

父親と母親、それぞれの大好きなことをひととおり経験させると、どれか一つはヒットするもの。それは子供自身の「好き」を増やし、積極性や探究心を育てます。

そう考えると、多趣味な親のほうが、おりこうさんの脳を育てる機会が多くなります。

親がいかに人生を楽しんでいるか――「子供のため」にとらわれず、いかに自分自身の生活を満喫しているかが鍵だと言えるでしょう。

## 「子供がかわいそう」と思わなくていい

「親こそ大いに楽しむべし」と言うと必ず、「忙しくてそんな時間は取れません」と答える方がいます。

しかし、そうした方を忙しくしているのは、子供を塾に送り迎えする時間だったりします。その類の「子供のために」使う時間やお金やカットして、自分に回してみてはいかがでしょうか。

そう言うとまたまた、反論が来ます。「そんなことをしたら子供がかわいそう！」と、多くの方がおっしゃいます。

子供がかわいそうだから自分の楽しみを削る——日本の母親特有の「自己犠牲グセ」が、ここでも顔を出しています。

私はアメリカに滞在していた時期がありますが、アメリカの子育てにはそうした発想はありません。アメリカの子供は、赤ちゃんのときから自室で一人で寝かされます。それを「かわいそう」だと思う親もいません。

もちろん日本の添い寝文化にも良い点が多々あり、どちらが正しいかは一概には言えません。しかし米国スタイルのほうが、親が自分の時間を持ちやすいのは確かです。子供が眠ったあとに趣味や社交を楽しんだり、眠っていない時間帯でもベビーシッターに世話を頼んで外に出る、といったことがごく自然に行われています。

日本の親御さんたちも、もっと自分のしたいことをしていいと思います。

からだの脳が頑丈に仕上がれば、子供は自然と8時に寝入るようになり、大人が少々夜更かししても起きだすことはなくなってきます。ですから5歳以降は、子供が寝たあとの数時間を自分のために使ってみましょう。

趣味を楽しむもよし、読書をするもよし、ときにはベビーシッターさんに子供を任せて出かけるもよし。

そして朝になったら、昨晩体験したことや感じたことを、子供に語ってあげましょう。子供にとっては、そうした親の体験も「知識」となって、おりこうさんの脳に蓄積されます。

内容の理解はできなくとも、「そういう世界がある」と知ることに意義があります。「子供にはまだ難しい話かも」といった遠慮は無用。いずれ未来に経験するであろう世界の一端を、垣間見《かいまみ》させてあげましょう。

## 1歳の子供にこそ、フルセンテンスで語ろう

前述の通り、おりこうさんの脳は1歳ごろから育ち始めます。つまり、言葉が出始めるころです。

この時期は「からだの脳」を育てることを第一優先事項としつつ、「おりこうさんの脳」をも並行して少しずつ育てていくことになります。

このとき、子供に覚えさせるべきことがあります。「フルセンテンスで語らせる」ことです。これを実践している家庭は、ごくわずかではないでしょうか。

フルセンテンスで話すとは、主語や述語を明確にして話す、あるいは発言した意図や理由をはっきり伝える、ということです。

たとえ幼児でも――幼児だからこそ、主語・述語を備えたフルセンテンスの文を覚えさせることが大事です。言語を獲得し始めたタイミングに、正確に伝える・伝わる言葉の使い方を体験させるのです。

それには、まず親がフルセンテンスで語りかけることが大事。叱《しか》るときの第一声は「ダメ！」だったとしても、その次にはきちんと「道に飛び出すと、車にひかれて死ぬかもしれないでしょう。だからいけません」と叱る理由を明確にして伝えましょう。

もう一つ心がけるべきは、抽象語やあいまいな表現も避けること。幼児期から学童期に入るころには、とくにこれが重要になります。

あいまいな表現とは、たとえば、「『ちゃんと』片付けて！」というお小言《こごと》。これにはまったく具体性がありません。子供は「怒られている」とは感じても、どうすればよいのかわからないでしょう。

この場面では「どこを、どのような状態にしてほしいか」を伝えるのが正解です。

たとえば私と娘は、リビングにある長い机をそれぞれの仕事机・勉強机としてシェアする際、以下のようなルールを設けていました。

×

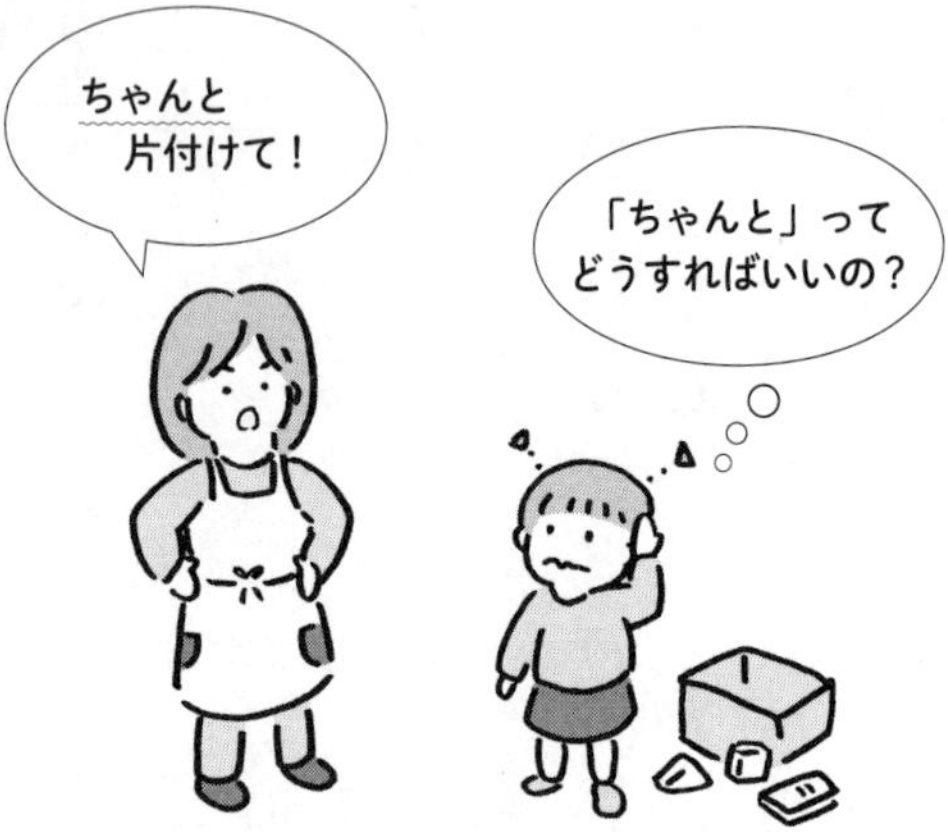
ちゃんと
片付けて！
「ちゃんと」って
どうすればいいの？

○

つみ木は
箱に入れて、
本は本棚に
しまいます
わかった！

「あなたのエリアは好きにしていいけれど、それ以外は散らかしてはいけません」
「お母さんのエリアと、リビングは散らかしてはいけない場所です」
「その領域にあなたのものがあったら、ゴミ袋に入れて捨てます」

こう決めて、実際「ゴミ袋」が登場する場面もありました。逆に、治外法権地帯である娘のエリアは、どのような惨状を呈《てい》していようと目をつぶりました。

こうしたルールを定め、それを守らせるには、フルセンテンスで語ることが必須です。そして、ルールの「理由」も必ず添えましょう。

「色々なものが床に落ちていると、それを踏んづけてお父さんがケガをするかもしれません。だから散らかしてはいけません」という風に。こうした具体性・論理性を備えた伝え方が、規範を守れる力の基盤となります。

## 頼み事は、フルセンテンス＆敬語で話させる

親子のコミュニケーションにおいて、これまた多くの家庭が実践していないのが

「頼み事は、フルセンテンス＋敬語で話させる」ことです。

「これ買って、買って！」「お母さん、ジュース！」など、意味をなさない文でおねだりをする子が多いのは、嘆かわしい限りです。

私は娘から、このような頼まれ方をされたことはありません。

「○○という参考書が、数学の勉強に必要で、１２００円するのですが、費用を出してもらっていいですか？」

「日曜日に○○ちゃんと原宿のカフェに行く約束があるのだけれど、交通費を出してもらえますか？」

このように、お願い事はいつも理由を添えて、敬語で伝えるのが我が家のルール。

気を付けていただきたいのは、多くのご家庭で「友達と遊びにいくお金」だと渋るのに、「学校で必要」と言われると無条件にＯＫを出していること。それどころか親の方からどんどん買い与えるようなケースが多いことです。が、そこに区別をしてはいけません。我が家のみならずどのような社会でも、お金の出し入れを伴うことには「申請」や「プレゼン」が必要ですね。そうした社会の決まり事を知るためにも、「敬語とフルセンテンス」が重要なのです。

ですから「買って！」と言われても、買う買わない以前に、まず「文として成り立っていない」ことを指摘すべきです。「誰が、何を、なぜ欲しいのかわかりません」と。「ジュース、ジュース」も同様です。「ジュースがどうしたの」という話ですね。

英語圏でも、「Juice!」という単語だけでジュースを出す親はまずいません。最低でも「Juice, please」でしょう。2歳の子でも、ジュースを飲みたいときはそう言います。Please は敬語ですから、「ジュースをください」と、敬語で言えているわけです。

海外の子にできて、日本の子にできないはずはありません。1～2歳児からフルセンテンスを意識させ、年齢が進むとともに「なぜ」「どうやって」などの細部にわたるまで、プレゼンできる力をつけさせましょう。

## コミュニケーションは思考力の源

言葉を使える能力は、国語力の基礎です。

近年、子供や若者の読解力低下が問題化しています。ＯＥＣＤ加盟国の子供たちを対象とした学力テスト（ＰＩＳＡ）で、日本人の読解力の成績が年々下がっていることも憂慮されています。

その主たる原因は、家庭内のコミュニケーション不足にあると私は考えます。親がきちんとした文章で言葉を伝えていないことと、子供から言葉を「引き出す」ことができていないのです。

コミュニケーションは、双方向で行うものです。ただ伝えるだけでなく、言葉を出させるアプローチを、家庭内で増やさなくてはなりません。言葉を出すよう働きかけることで、子供は自分の思いや意志をどう言語化しようかと、「思考」します。

思考を働かせるときに使うのは前頭葉です。前頭葉は「こころの脳」の拠点ですが、おりこうさんの脳がインプットした情報を、統合して判断するときには、この前頭葉の働きが欠かせません。

学校の成績が良くても、思考力を持っていない子は多くいます。論理性を求められるような問題になると、国語力不足があらわになるのです。

日本人が得意だとされる数学でも、計算能力は高くとも文章題に弱い子が増えています。計算は「おりこうさんの脳」の守備範囲ですが、ひとつひとつの計算を論理的に組み立てて答えをつくりだす力は、前頭葉を鍛えなくては発揮されません。

親御さんたちは、この点に意外なほど無頓着《むとんちゃく》です。

たとえば、「子供が私立の名門校に入学したのに不登校になってしまった」と悩んでいた、あるお母さん。私はお子さん本人とも話した上で、「〇〇くんはあまり言葉を出せないですね。言語体系が十分に組まれていないかもしれません」と指摘しました。

すると、お母さんは憤然と反論。「うちの子、国語の偏差値は70ですよ！」

テストで問われる国語力と、人として必要な国語力はここまで乖離《かいり》していたか、と驚いた次第です。

親たちは、子供が受験に「勝つ」ためのテクニックばかり磨かせますが、より大切なのは、子供が自分の中にあるものを言葉として「出す」力なのです。

## 読書では、前頭葉は活性化しない

「国語能力を高めたいなら、本を読ませるのが一番だろう」

このように考える方は多いでしょう。確かに、本は子供の言語能力を発達させます。小さいときからぜひ、たくさんの本に触れさせたいものです。

ただし、その方法を誤らないように注意してください。「本を読みなさい」とうるさく言うのは逆効果です。義務だと思ったとたん、子供は読書を苦行だと誤解し、本を敬遠するでしょう。

本に触れさせたいなら、親自身が読書を楽しみ、家のなかに自然に本がある環境をつくるのがベターです。

そしてもう一つ、読書にまつわる「誤解」があります。

親が読み聞かせるにせよ、子供がひとりで黙読するにせよ、ただ読むだけでは、読書中には前頭葉は働きません。読書中の子供の脳波を測ると、活性化するのは視覚を司る後頭葉《こうとうよう》、言語能力を司る側頭葉《そくとうよう》、そして「からだの脳」に相当する大脳辺縁系のみです。

読書は「ただ読む」だけではなく、書かれたことについて思考を巡らせることに意義があります。子供の思考を促す言葉がけを工夫しましょう。

読書中、文字を追っている間は働かない前頭葉も、ふと本から目を上げて反芻《はんすう》したり、本を閉じた後に内容を振り返って考えをまとめようとするときには急激に活性化します。ですからこの場面でも、親が子供の思考を「引き出す」働きかけが有効です。その具体的な方法については、第3章でお話しします。

## 「おりこうさんの脳」だけでは、社会に出てから伸び悩む

引き出し方についての詳細は「こころの脳」の章で知っていただくとして、ここではまず、「おりこうさんの脳だけ育ててもダメ」というポイントを押さえていただきたいと思います。

おりこうさんの脳が発達しても、それが最終的にこころの脳と結びつかなければ、いずれ伸び悩みます。

学齢の間は、いわゆる「ガリ勉」タイプの生徒が優秀な成績をとり、周囲にも「できる子」としてもてはやされるでしょう。伸び悩みが始まるのは多くの場合、社会に出てからです。

そのとき、かつて「できる子」の傍《かたわ》らでちゃらんぽらんに過ごしていたはずの子が、俄然《がぜん》活躍し出す、ということが往々にしてあります。

これが、おりこうさんの脳だけを鍛えていた人と、前頭葉が強い人との違いです。平たく言うと、後者のほうが「成功しやすい」のです。

皆さんご存じの、京都大学教授にしてノーベル生理学・医学賞受賞者でもある山中伸弥氏も後者のタイプです。

彼は神戸大学で私の同級生でしたが、大学生活ではラグビーに夢中だったので、なかなか授業にも出てこられない。医学部のような「おりこうさん脳の強者」の集団の中では、なかなか頭角を現しづらい状況でした。

それが今では、医学界の最先端で活躍しています。

山中氏のように、おりこうさんの脳が優れているだけでなく、思考力・探究力も備わり、そして何より次に伝える「こころの脳」、つまり社会で生きていく能力が高い人が、本当に研究者として成功するのだと、私は彼の飛躍を見て確信しました。

一般の社会でも同様です。知識の量が多くとも、こころの脳で統合できなければ、すぐれた問題解決策も、斬新な企画も出てこないでしょう。

実は、受験にも同じことがいえます。テキストを丸覚えするだけで合格できる大学もありますが、「手持ちの知識」だけでは解けない問いが、とくにハイレベルな大学では増えています。おりこうさんの脳を育てた先に必要なのは、それを生かす力＝自ら思考し、新たな答えを出す能力を育てることなのです。

## 「勉強って楽しい」と感じられる脳づくりを

おりこうさんの脳が育つ知識の「吸収」の段階で、子供たちがぜひ知っておくべきことがあります。それは、「勉強って楽しい！」ということです。

知識を得ることは、本質的に喜ばしいことです。わからないことがわかる瞬間は非常に快いですし、知識を使ってできることが増えていく過程も心浮き立つものです。それを子供に体感させるのも、大人の大事な役割です。

成功者は例外なく、「勉強を楽しんだ」経験を持っています。彼らは頼まれもしないのに自ら勇《いさ》んで、物事を学んでいるのです。

ただし「すぐに」ではありません。小学校のころから、本心から喜び勇んで学校の勉強をするような子はめったにいません。

それでも、親の働きかけによって「勉強は楽しい」と感じられる脳がつくられていれば、いつか必ず自発的に学び始めます。

ところが多くの親は、その逆をしてしまいます。「勉強しなさい」と口うるさく言うことによって、勉強を義務だと思わせてしまうのです。

面白い本やマンガを読むような感覚で教科書や図鑑を読んでいた子供が、「あれ？勉強って、命令されてするものなのか」と感じ、楽しく感じなくなるという残念な出来事が、あちこちの家庭で起きています。
この間違った働きかけは、親子間で連鎖する傾向があります。

「子供時代、親から勉強しろと言われるのがあんなに嫌だったのに、気づいたら子供に同じことをしている」という声をよく聞きます。そこは踏襲するのではなく、反面教師にすべきでしょう。

周囲の影響で「伝染」が起こる傾向もあります。

子供はのびのび育てたいと思ってきたはずの親が、周囲がこぞって子供を「お受験」させようとしているのを見て「うちも勉強させないといけないかしら」と思ってしまうのはよくある話です。

しかし、子供に「つまらないけど、頑張らないと」と思わせたら、おりこうさんの脳は育ちません。ですから、「よそはよそ、うちはうち」と腰を据えておりこうさんの脳育てに取り組みましょう。家庭生活のなかで経験を積ませ、ともに楽しみ、やがて子供自身が「学ぶのは楽しい！」と発見するのを待つのが、結局は正解なのです。

## エピソードと併せた知識は、記憶に刻まれる

おりこうさんの脳で知識をインプットした後、こころの脳でそれらを「統合」する、と述べましたが、この統合力は「ストーリーをつくること」と言い換えられます。

教科書や図鑑や辞書の情報はあくまで断片ですが、それらを使って「〇〇だから、〇〇という結果が生まれた」「〇〇だということは、〇〇にも同じことがあてはまりそうだ」など、独自のストーリーを構成できるかどうか、ということです。

おりこうさんの脳は、その下地をつくります。おりこうさんの脳が育つ時期に多くの経験を積むことは、ストーリーの材料を入れることなのです。

だからこそ、さまざまな経験を「親と一緒に楽しむ」ことが重要です。

旅行やスポーツ観戦などのイベントももちろんいいですが、さらに良いのは、毎日の生活で共同作業を取り入れること。一緒に洗濯物を畳んだり、卵焼きをつくったり

といった日常を通して、子供の中に「生きた知識」が入ります。

おりこうさんの脳は「記憶する脳」です。そして記憶がもっとも刻まれやすいのは、「エピソード」を伴うときです。

日本史の暗記が辛かった人も、「あの事件だけは、先生の口調が面白かったので今も覚えている」ということはないでしょうか。情報をインプットするとき、なんらかの印象的なことがあると強く記憶されるのです。

親との記憶ならばなおさらです。「あのときお母さんが笑った」「お父さんの手が大きいなと思った」などのエピソードつきの記憶は、そう簡単には消えません。

私が子供とのエピソードで鮮明に覚えているのは、卵焼きをつくりながら「タンパク質」の話をしたことです。「この卵は半熟、これは固ゆで」と娘に見せているうち、「黄身のほうが固まりにくい」ことを娘が発見。そこから「白身のほうがタンパク質の含有量が多い」ことを娘は知りました。その後、「タンパク質の沸点は何度」という教科書の情報を目にする機会もあったことと思いますが、それを暗記するより、はるかに楽しく記憶できたに違いない、と今も思います。

## ネットの情報に、実体験を結び付けよう

文部科学省の「GIGAスクール構想」により、小中学校ではICT教育が急激に浸透しています。生徒一人に一台ずつタブレットが配布され、教材も、宿題の管理もデジタルで一元化されつつあります。

このような、ネットを使った勉強は子供の脳にとって、はたして是か非か——。

5歳までは、使うべきではないと私は考えます。原始人に文明の利器を持たせるのは、効用より弊害のほうが多いでしょう。からだの脳をつくる時期のインプットは、五感を通した刺激のみに絞るべきです。

対して、おりこうさんの脳が本格的に発達し出す小学校以降になると、ICTは情報ツールとして役立ちます。子供がインターネットの使い方に精通し、膨大な情報を得る機会となるのは強いメリットです。

ただしここで重要なのは、ネットを駆使する彼らが「何のために」情報を得るかと

いうことです。

そこには、それぞれの個性に基づく好奇心、探究心が働いているでしょう。自分の将来につながること、自分の能力を最大限に生かせるものを彼らは探しているのです。

結果、「自分は囲碁《いご》が好き」と気づいたとしましょう。オンラインで誰かと対戦し、腕を上げていくのは楽しい経験となるはずです。

しかしその先にはやはり、「五感」のインプットが必要です。碁石の感触、盤上に手を伸ばす動き、パチリと置く音。そうした五感を伴う三次元情報なしに、脳に体験を組み込むことはできません。

そこを補完するのが親の役割です。子供が好奇心の対象が見つかったら、それをリアルで体験する機会を提供しましょう。

学校の勉強も同様です。たとえば授業を通して鎌倉時代に興味を持ったとしたら、ぜひ一緒に鎌倉に行ってみましょう。若宮大路《わかみやおおじ》の段葛《だんかずら》を歩き、鶴岡八幡宮《つるがおかはちまんぐう》の銀杏《いちょう》の切り株を見、鎌倉大仏のお腹の中に入ってみましょう。遠足などの学校行事ではサラりと見るだけに終わりそうな場所を、心ゆくまで満喫させる。これは親にしかできないことです。

さて、それには大前提として、子供が何に興味を持っているのかを知っていなくてはなりません。

何かに没頭しているのを見逃さず、「何それ？」「好きなんだ？」「どういうところが面白いの」と聞いてみましょう。きっと身を乗り出して話してくれるはずです。好きなことについて語りたいと思うのは、人間の本能だからです。そこに親も興味を持ってくれて、実地体験させてくれるとなると、まさに最高。そんな心躍《おど》る体験を一つでも多く、子供に贈りましょう。

## おりこうさんの脳時代は、こころの脳の準備期間

ここまでの話からお分かりの通り、おりこうさんの脳育ては、その先の「こころの脳育て」を視野に入れて行うことが大切です。

こころの脳が実際に成長を始めるのは10歳ごろからです。10歳までの子供は、「自ら考えて行動する」「思いやりを持つ」「感情コントロールをする」などのことはできません。ですから親御さんも、この段階から「自分の頭で考えて行動してほしい」「もっと思いやりを持ってほしい」などといった期待をしないこと。

その代わり、10歳以降にそうなれるよう準備をしましょう。おりこうさんの脳を育てている間に、「思いやりの持ち方」のインプットをするのです。

やり方は簡単。親が、やってみせればいいのです。

たとえば電車に乗っているとき、高齢者の方や体の不自由な人が乗ってきたら、さっと立って席を譲る。これを始終行うことで、子供は「そうか、こういう場面ではこうするものなのか」という情報をインプットします。

子供が周囲に迷惑をかけたときも同様です。

レストランでおとなしくしていられなかった子供が、隣席の人のグラスをひっくり返してしまったとします。そのときは真っ先に、親が「申し訳ありません！」と、相手に謝罪をしましょう。

通常こうした場面では、「何やってるの！」と叱りつけたり、「謝りなさい！」と頭を下げさせたりしがちですね。しかしその場合、子供は親の言うことに従って型通り頭を下げ、「ごめんなさい」と発声するだけ。「誠心誠意、謝罪する」ことの何たるかを知る機会にはなりません。

親の「申し訳ありません」という声、表情、相手に頭を下げる姿、それらを記憶することに意味があるのです。自分がもっとも信頼している大人＝親のすることだからこそ、子供はその情報を吸収するのです。

これらの経験の蓄積が、その後の思いやりのベースとなります。

こころの脳ができてくるに従い、子供は蓄積してきた情報を組み合わせ、自ら「良いこと・悪いこと」を判断し、行動できるようになるのです。

第3章

# 「こころの脳」の育て方

# こころの脳は、幸福に生きるための脳

5歳までは、早寝早起きと食事を通して、からだの脳をしっかりつくる。

10歳までは、親も楽しみながら知識を吸収させ、おりこうさんの脳をつくる。

その後――10歳ごろから、こころの脳の成長が始まります。

こころの脳のベースとなるのは、おりこうさんの脳に入っている知識や記憶。これらの十分な蓄積が、こころの脳の発達を促します。

こころの脳は18歳ごろまで成長し続けますが、中核期は10～14歳。小学校高学年から、中学生にかけて急激に成長します。

では、ここで改めて、こころの脳の機能をおさらいしましょう。

こころの脳の位置は前頭葉および、からだの脳から伸びている神経回路。なかでも重要なのが、序章でお話しした「セロトニン神経」です。セロトニン神経が前頭葉まで「つながる」ことで、物事を良い方向に持っていく力が備わります。

こころの脳の働きによって、感情をコントロールして、状況を適切に見極め、最適な行動を取ることができるようになります。

たとえば幼い間は、「情動」のみに従って行動しますが、こころの脳が育ってくると前頭葉をつかって「情感」を働かせ、突発的な衝動や感情を抑えられるようになります。

次いで、論理的思考力。「一人で留守番しているときに停電になった」などの場面で、情動レベルでは「怖い」と感じても、「いや、ひとまずスマホのライトをつけよう。ブレーカーを見つけてスイッチを入れたら、また電気がつくかも」といった冷静なシミュレーションができます。

そして、想像力や思いやり。困っている人を助けたり、友人たちの意見をとりまとめたり、「両親が帰ってくる前にお風呂を沸かしておこう」と気を利《き》かせたりすることもできるようになります。

さらには、逆境にあっても心折れずに前を向ける「レジリエンス」の力も。「考えようによっては悪い状況ではない」といった視点転換や、「こうしたら解決するかも」

といったアイデア創出ができます。

このように、こころの脳は、不安を取り除いたり、問題解決をしたり、他者とのつながりを築いたりするときに働きます。つまるところ、本人を「幸福な生き方」に導く脳だと言えるでしょう。

## 幼いころから、前頭葉を鍛える働きかけを

10歳以降の前頭葉の成長を最大限に促すには、事前の「仕込み」が必要です。からだの脳・おりこうさんの脳を育てる期間は、その準備のときです。

その期間中に親ができる働きかけは、大きく分けて3つあります。

### ①「安心」をインプットする

こころの脳の機能を簡単に言うと、前頭葉の中で「大丈夫」という結論を導き出すことです。不安をコントロールしたり、論理を組み立てて問題解決したり、人を困難

な状況から助けたり。その下地をつくるには、小さいころから親がこまめに「大丈夫」をインプットすることが大事です。子供が「不安」「痛い」「がっかり」などの感情に駆られているときに安心を与えてあげましょう。

### ②言葉を引き出す

前頭葉は、内面の思いを言語化しようとするときに活性化します。そこで有効なのが、前章でも触れた「子供の言葉を引き出す」コミュニケーションです。日々の会話のなかで、子供が自由に語れるような働きかけをしましょう。

### ③ルールを設定する

前頭葉が究極的に発達した先では、善悪の判断や、倫理観の形成がなされます。家庭生活のなかで「うちのルール」を設定することで、その原型をつくれます。ただし、煩雑《はんざつ》で多すぎる決まりごとには意味がありません。本人が「生物として」「社会の一員として」生きるために不可欠なことを中心におき、シンプルに構成するのがコツです。

この3点を踏まえていただいた上で、以下、それぞれの働きかけの方法を、具体的に説明していきましょう。

## 「大丈夫」のベースをつくる声掛けを

人は生きていれば必ず、困難な状況に何度となく遭遇します。

そのときに「もうだめだ!」となるか、「いや大丈夫、なぜなら……」と思えるかで、人生は大きく変わります。

さてこの「大丈夫」は、目に見えるものではありませんね。実体のない概念、いわゆる「抽象語」です。

子供の脳は、10歳ごろになるまで抽象概念を理解できないと言われています。しかし、理解はできなくとも、乳幼児期から親が「大丈夫」という声かけを始終行うことで、子供は不安や落胆が、安心や希望へと変わる経験ができます。

たとえば駅のホームで電車に乗り遅れたとき、「ああ、電車行っちゃったね。でもすぐ次の電車が来るから大丈夫！」と言えば、ガッカリがニッコリに変わりますね。親が、「大丈夫」をつくるお手本を、自ら見せているわけです。

もっと素朴なレベルでは、子供が転んだ時に言う「痛いの痛いの、飛んでけ〜」も「大丈夫づくり」の一例です。

「ほら、お山の向こうに飛んでったよ。だから大丈夫！」という結論は理屈として成り立っていませんが、乳幼児期ならそれで充分。親の笑顔と「大丈夫」という声で、安心して泣き止みます。

しかし5歳ごろを過ぎると、「そんなこと言われても、痛いものは痛い」ことがわかるようになってくるので、そこからは徐々に「理屈つき」の安心を与えていくのがコツです。

ちなみに我が家では、娘が転んだときの定番フレーズがありました。

「お母さんはお医者さんだから、骨折してるかどうか見分けられるよ！」

「足関節は？　動く、よーし」
「股関節は？　動く、よーし」
「膝関節は？　動く、よーし」
「骨折してないね。だから大丈夫！」

するど娘は10歳ごろから、自分で足首や膝や股関節を動かして、「よーし、骨折してない、大丈夫！」と言うようになりました。こころの脳が発達を始めた時期に、安心を自分でつくりだせるようになったのです。

安心は、最終的には自力でつくるものです。辛いときに人からアドバイスをもらうことも、慰《なぐさ》めてもらうこともできますが、最後は自分が「大丈夫」と思わなくてはなりません。

小さいころから親によって安心を与えられていると、それがスムーズにできます。幼いころの「理屈抜きの大丈夫」も、5歳以降の「〜だから大丈夫」も子供のこころを強め、成長後の前向きさや、対応力の源となるでしょう。

## 子供の言葉を引き出す秘訣とは

前頭葉を育てるには、「考えさせる」ことと、その考えを言葉にして「外に出させる」ことが不可欠です。

子供の言葉を引き出すことは、親にできる最大のサポートです。

こう言うと、よく親御さんからは「もちろん心得てます！　私、子供にしょっちゅう問いかけています」という答えが返ってきます。しかしその問いかけが、本当に子供自身の言葉を引き出せているかどうかには疑問符がつきます。

教育熱心な親御さんは確かに、「お勉強的」な問いかけはさかんにされています。例えば、「お空はなんで青いんだと思う？」など。

それ自体はもちろん、悪いことではありません。しかし親のなかの「学んでほしい」「賢く育ってほしい」という願望が強すぎると、子供に「いい答えを出さなくては」という、無言のプレッシャーを与えてしまいます。実際、期待に沿わない答えだったときに、それを正そうとする親御さんもいます。

それでは前頭葉は育ちません。大事なのは、子供の自由な発想を促すことです。

そのために忘れてはならないのが、「否定しないこと」。

たとえば、昔話の「桃太郎」のお話を聞かせた後に、その内容について問うとします。

このとき子供は「正答」を言うとは限りません。「おばあさんはどこに行ったんだったかな?」と聞いて、「鬼ヶ島に行った」などと答える子はいくらでもいます。

そんなとき「違うでしょ」と言ってはいけません。間違ってもいいから、とにかく言葉を出させること。特に乳幼児の場合は、それが鉄則です。

正解か否かは重要ではありません。言葉を出そうとするときに前頭葉が著《いちじる》しく活性化することに意味があるのです。

ですから「そうかぁ、おばあちゃん、鬼ヶ島行ったんだ〜」「面白いねえ」という風に、楽しくあいづちを打てばいいのです。

ほかの場面も同じように自由に話させて、原型をとどめない「新しい桃太郎」が創出されていくのも面白いのではないでしょうか。

誤りを正さず、かといって「素晴らしいわね」などと褒めそやす必要もなく、ただ「それが君の発想なんだね」と受け止めましょう。

否定されない安心感のある場で、思いつきをどこまでも言葉にしながら、子供のこころの脳はぐんぐん育っていきます。

## 家の中は、好きにものを言える場所に

一方、子供どうしの社会では、大人から与えられるのとはまた違うプレッシャーがあるようです。

おしゃべりし、ふざけ合う子供たちの間にはしばしば、「さあ、面白いことを言ってくれよ」「どうしよう、面白いことを言わなくちゃ」といった、無言の圧力が働いています。

同年代の子が集まる場で、面白く楽しい子であることを求められるのは、ある程度

仕方のないことです。

しかし、家の中でまでそれを求められるのは非常に窮屈です。ですから家の中は、何を言っても良い場にしましょう。好きなことを言っていいし、つまらないことも無意味なことも言っていい、という「自由と安心」を与えましょう。

子供の発想はユニークなので、どんな子でも多かれ少なかれ面白いことを言いますし、笑わせてもくれます。クリエイティブな視点に感服させられることもあります。

しかし、親がそれらを「期待」するのは良くありません。大人から見て中身がないと思える言葉も、思う存分、出させてあげましょう。

これは前頭葉の発達の観点からも、理にかなっています。

家という完全な安全地帯で、いったん自由に、すべて出す。

その後、学校などの外の社会では、ある程度の制限が課される。その認識のもと、「これは言わないでおこう」「これは言おう」と判断していく。

このように、まず大きく広げてから調整していくのが、適切な発達プロセスです。

最初に大きく広げる段階から制限をかけてしまうと、出てくるはずの発想も出てこなくなります。もしくは、四六時中制限をかけられることでストレスが溜まり、外で「言葉を選べない」――誰かに悪意を向けたり、意地悪をしたりする子になる危険もあります。

子供の思いやりを育てるためにも、まずは家庭内の発言の安全と自由を保証することが大事です。

## 動画で勉強すると語彙が育たない

ここ10年で、ＹｏｕＴｕｂｅやＴｉｋＴｏｋなどの動画プラットフォームは若い人たちの中で必要不可欠なものになりました。

大学生の間でも、知識を文字からではなく動画で得る傾向が強くなっています。小中学生も、動画を勉強に活用している子が多いようです。

しかしこれは「前頭葉を育てる」という観点からいうと、ベストな方法とは言い難いと思います。

これまで幾度となく述べてきたように、学んだ知識は、最終的には言語化して「外に出す」ことでこそ生かされるものです。

この点、動画は文字情報に比べると分《ぶ》が悪いのです。

試しに、動画で学んだ内容を人に口頭で教えるのと、本で読んだ内容を教えるのと、どちらがたやすいか想像してみてください。当然、本という文字媒体で入れた情報のほうがスムーズでしょう。動画で見た視覚情報を正確に文字情報だけで伝えるのは至難の業《わざ》です。そこで、

「こんなでっかいのがバーンと出てきて、次にドーンってなって」

というような説明になってしまいがちです。相手に伝わるように説明できる語彙《ごい》がないため、そこを擬音《ぎおん》で埋めているのです。

映像を言語に変換できる語彙――色彩、大きさや、形などを表現する言葉を持たないと、相手に伝わるアウトプットはできません。

これらの語彙は、映像やSNSの短文を流し見しているだけでは培《つちか》われません。ですので、本を読んだり、大人と会話を交わすことで、多くの言葉を知ることが必要で

す。

「おりこうさんの脳」でインプットを積む過程では、映像だけに偏《かたよ》らず、文字に触れる機会を多く持つことを意識したいところです。

## 映像媒体を、言葉で説明させてみる

さて、今の話は逆手《さかて》に取ると「前頭葉を鍛えるチャンス」にもなりえます。

「映像を言語化するのは難しい」ということは、それをあえて言語化しようと努力するとき、前頭葉を思い切り働かせることになるからです。

実際、子供たちを対象としたある実験で、簡単なゲームをさせた後に「どんなゲームだったの？」と口頭による説明を求めると、言葉を出そうとしている子供たちの前頭葉が、非常に活性化することが判明しました。

これは、一定程度の語彙が備わっていないと難しいかもしれないので、はじめは

「絵にして説明させてみる」ことからはじめてもいいかもしれません。家庭内でも折に触れ、子供に「教えて」と聞いてみてはいかがでしょうか。

動画の内容でもいいですし、ドラマやアニメも格好の材料です。「昨日のあれ、どんなお話だった？」「見逃しちゃったから教えて」と問いかけて説明してもらいましょう。ストーリー性のあるものは「あらすじ」を話すことになるので、大事なポイントを押さえつつ要旨を伝える「要約力」も鍛えられます。

もちろん、小さい間はうまくできなくて当たり前。ここも「桃太郎方式」で、正解を強いずに、前頭葉を働かせている様子を見守りつつ楽しみましょう。

日ごろ子供がいそいそと楽しんでいるゲームの説明をしてもらうのも、大いにおすすめです。多くの家庭では、ゲーム三昧《ざんまい》の子供を叱ることはあっても、ゲームに夢中になっている様子に関心を持ち、内容を聞き出すことはほぼ皆無。これは非常にもったいないことです。

関心のあることについて語らせてもらえるとなると、子供は俄然乗り気になります。「〇〇っていうキャラがいてね」「それが冒険に出てね」と一生懸命話そうとしてくれます。大人からすると稚拙《ちせつ》な説明に聞こえるかもしれませんが、それもまたよし。子供自身は、何度も繰り返しやっているゲームだけに「話しやすい」感覚を持てているはずです。

ゲームをプレイするだけではまったく働かない前頭葉も、それを誰かに伝えようとすると一転、フル活動を始めるのです。このチャンスを生かさない手はありません。

## 「正論」は前頭葉の成長を妨げる

言葉を引き出す際、間違っても否定せずに受け入れるべし、という話に意外な印象を持たれた方も多いでしょう。

たいていの親御さんは、こうした場面でしょっちゅう否定をしてしまいます。それは主目的を「引き出す」ではなく、「正答を伝える」に置いているせいです。

親が、そこに注力する必要はありません。こころの脳が成長すれば、いずれ子供が自分で見つけ出せるようになるからです。親はそれを信じること、つまりは子供を信頼することが大事です。

日ごろの行動に関しても同じです。子供に「遊んでばかりいないで勉強しなさい！」と言うのは、子供が「いずれ自発的に勉強するようになる」と信じていないからです。

信じていないから、うるさく言う。これを続けていると、困ったことに「いずれ」が遠ざかります。

この手の正論が、前頭葉を鍛える機会を奪うことになるからです。

「勉強はしておいたほうがいいよ、あとあと役に立つよ」といった優しい言い方でも同じです。正論を言われると、子供は自分で考えなくなるのです。

「はーい、ママー」と従順に勉強する子もいれば、「うざいなあ」と不貞腐《ふてくさ》れてますますゴロゴロする子もいるでしょうが、いずれも親の言葉に反射的に対応しているだけで、「今、勉強しなければどうなるだろう？」と、自らの思考を働かせることにはなっていません。

その結果、前頭葉の発達が妨げられて「言われないと勉強しない」「言っても勉強しない」というフェーズがいつまでも続いてしまうのです。

「自分がうるさく言わないと、この子は勉強しないから」と思ってやることが、実は逆効果になっているのですから皮肉ですね。

ですから、言いたくなってもぐっとこらえて、子供に考えさせましょう。

そうしてこころの脳を鍛えていくと、あるときから子供の行動が変わります。

こころの脳がきちんと備わった子は、「漫画を読みたいな、ゲームしたいな、でも明日はテストだから今から勉強しないと」という風に、自制心や思考力を使って行動に移せるようになるのです。そのときをじっくり待つのも、親に必要な「自制心」かもしれませんね。

## 「家族のルール」を決めて、必ず守らせる

「正論を言うのがNGなら、家庭が無法地帯になるのでは？」

と疑問を持たれたかもしれません。確かに、必ず伝えるべき正論もあります。

その指標となるのが「我が家のルール」です。家族で独自のルールを決め、それには必ず従うべし、と定めることが有効です。

これをアクシスでは「軸」と呼んでいます。アクシスに来られる方々には、絶対にブレさせてはいけない軸を2〜3本立てよう、とおすすめしています。

軸には、大きく分けて二つの要素があります。一つは、社会通念として絶対に守るべき掟です。「人を殺さない」「盗まない」など。

もう一つは、ほかの家はどうであれ「我が家では」絶対に守るべき、と定めた掟です。「夜は9時までに寝る」「親に頼み事をするときは敬語で言う」など。

この軸だけは絶対に守らせましょう。もし抵触すれば容赦なく叱り飛ばし、正させる覚悟が必要です。

軸は、多くても3本に絞りましょう。そしていずれも、「命にかかわるくらい大事」だと親が思っている内容にするのが肝要です。

「人を殺さない」は言うまでもありませんし、「夜9時までに寝る」も、生命を維持するからだの脳づくりに欠かせません。そのほか、親が「この子が生きていくためには絶対に必要」だと思うことは何か、親自身の価値観と照らし合せて厳選しましょう。

するとと、きっと気づくはずです。日ごろ、とくに命にかかわらないことに関してうるさく正論を言い過ぎている、ということに。「勉強しなさい」はその代表格です。「学校には必ず行かなくてはならない」も然《しか》り。もしこれを軸にしてしまうと、「行きたくないな」と子供が思っている日にも「とにかく行きなさい！」と押し付けることになります。

このようなときは「行きたくないのね、はいはい」と放っておいていいのです。

すると、子供は「えっ」と思うはず。子供にも「学校は行くべき」という常識はすでに備わっていますから、「え、何受け止めちゃってるの？」と戸惑い、言い訳を始めるかもしれません。「○○ちゃんと喧嘩《けんか》して、行きたくないんだ」など。

その際も、「そうか、喧嘩したのね」とフラットに受け止めるのみで構いません。

そうこうしているうちに10歳ごろにもなると、子供は自分で「でも、行かないとまずいよね」と、自力で正論をつくれるようになります。

## 子供は失敗しながら、折り合い点を見つけていく

正論を「押し付ける」のではなく、正論を「考えさせる」と、子供は必ず、最初は失敗します。失敗しながら、「じゃあ、次はどうする?」とまた考えていくのです。

日ごろひっきりなしにスマホでゲームをしている、ある小学生の男の子もそうでした。子供なりにゲームのしすぎを気にしていたのか、ある日、自分から「今日から、夜7時になったらママにスマホを渡すよ」と言ってきたそう。

お母さんは内心、「昼も夜もスマホを手放せないくせに、無理に決まってる」と思いつつ、何も言わずにその申し出を了承。

結果は、案の定、失敗でした。「7時過ぎてるよ?」「あ、しまった」。

そこで「夜8時返却」にルールを変更したものの、それも失敗に終わりました。

しかし、徐々に8時15分、8時半……と修正し続けた末、最終的に「8時50分」で、スマホを返す習慣が定着したそうです。このように、失敗しながらも自力で「折

り合い点」を見つける過程が、前頭葉を育てるのです。

ちなみにこのご家庭では、夜9時就寝を「我が家のルール」としていました。これは絶対に破れない、破れば叱り飛ばされる軸です。ですから、8時50分の返却は「ギリギリの線」だったわけです。

お母さんは、この結末にやや不満な様子でした。

「ギリギリまでスマホを手放さなくて、『9時に間に合うんだからいいじゃん』なんて減らず口をきくんですよ」と。

しかし、それもまたいいことです。減らず口は、脳を使っている証拠だからです。絶対のルールに抵触しない範囲でどこまでできるか考え、理屈をつけていくのはまさに前頭葉の使いどころです。

日々こうした試行錯誤をしていると、だんだん失敗の回数は減り、中学生ごろになると上手に時間管理ができるようになります。

たとえば、剣道を習っている中学生の女の子のケース。この子はスマホをいじり出すと止まらなくなっては練習に遅刻、ということを繰り返していたのですが、「学校から帰ったあとにスマホを触らない」というルールを自分に課したことで、きちんと通えるようになりました。以前は親御さんが「正論」で叱っては無理やり取り上げていたそうですが、自分で考えさせる方式に変えたことで、行動も変化したのです。

## 自分で考える習慣がモラルを育てる

道徳や倫理といった「善悪の判断」に関しても、自分で考えさせるプロセスは非常に重要です。

中学生の息子を持つあるお母さんが、こんな話をしてくれました。

その子は、ある日、家に帰ってくるなり「○○くんムカつく！　ぶっ殺してやりたい！」と言ったのだそうです。

ぶっ殺すとはおだやかではありません。お母さんは内心ドキドキしましたが、ぐっとこらえてニコニコと「そうなんだ、ぶっ殺したいんだ〜」と答えました。

すると、子供のほうがあわてて「いやいや、本当にぶっ殺すわけじゃないけどさ」

と言い、それからぽつりぽつりと事情を話し、最後にもう一度、「でも、本当にぶっ殺したりしないからね」と言い添えたとのこと。これは「人を殺してはいけない」ということを、自分の中でルール化できた印です。

ご存じのとおり、世の中には時折、衝動の赴くままに人の命を奪う人がいます。その人たちも、「人を殺してはいけない」という社会のルールを知らなかったはずはありません。学校の道徳の授業でも習ったでしょうし、テレビやネットのニュースを通して、殺人を犯した人が厳しく罰されることも知っていたはずです。

しかし彼らは、それらの情報を自分のものにできていなかったのでしょう。その原因はほぼ100%、家庭内でのコミュニケーション不足です。物事の良し悪しを「考えさせる」機会が与えられていなかったのです。

人の命を奪ってはいけない、傷つけてはならない、盗んではならない、といった世の中の規範は、ただ聞かされるだけでは現実味を帯びません。

子供自身に起こったこと、親が経験したこと、世の中で起こったことなどについて折に触れて対話し、そのとき子供が、子供なりの感じ方を語る機会を持つことが必要です。ここでも、社会規範的に「間違ったこと」を言う可能性は常にありますが、それもいったん、出させることが大事。語ることを通して子供は自分の考えを客観視し、その先で自分自身の規範をつくっていくのです。

## 対話しながら、批判精神を育てる

自由に考えを語れる場があれば、健全な「批判精神」も育ちます。

批判とは、「自分の頭で考えて」既存のものに異議を唱えること。物事に疑問を持つ、鵜呑《うの》みにせず疑ってみる、別の可能性はないか考えて論理を組み立てる――この能力を持つ人は、最近、大人のなかでも減っているように思えます。

学生のレポートを採点していても、「作者の言う通りだと思った」「感銘を受けた」などの無批判なものが大半を占めます。「作者はこう言うが、こうも言えないだろうか」といった独自の視点を呈示してくる学生は、残念ながら少数派です。

単なる「否定」を批判と混同している大人もよくいます。ただ不賛成を示すだけだったり、逆のことを言ったり、軽んじたり。しかしそういう「難癖」をつけるとき、前頭葉はまったく働いていません。自分自身が新しいアイデアを出し、既存のものと対置させて初めて「批判」と言えるのです。

ここまでお話ししてきたような「言論の自由」が確保された家庭は、子供が批判精神を育てる格好の場です。

子供が語ることの中には「難癖」レベルのものも数多くあるでしょうし、独自の視点がありつつもロジックが甘い、ということもあるでしょう。

そのとき必要なのは「対話」です。頭ごなしに否定するのでもなく、丸ごと肯定するのでもなく、子供がさらに思考を前に進められるような投げかけをするのです。

「なるほど、そう思うのか。とすると、こんなときはどう考える？」

と別の視点を提供したり、

「そうかあ、お父さんだったら同じ場面でこうするけど、どう思う？」

と、親の意見と比較させたりすると、子供は「ああそうか、自分の考えはここで矛盾が生じるな」という風に、自ら限界を見つけます。そして、より精度の高いロジックを組めるよう、さらに前頭葉を働かせるでしょう。

対話のなかで、子供は相手の発言の文脈を理解しつつ、自分の文脈を沿わせていく手法を学びます。

家庭内でその訓練ができていると、外の社会でも意義ある意見交換ができます。議論の場で切れ味よく、かつ生産的な意見を述べ、よりよい結論へとその場を牽引《けんいん》していける大人になるでしょう。

## 逆境に強い心を育てるには

残念ながら、子供の社会において「いじめ」はさほど珍しいことではありません。アクシスに来る子の中にもしばしば、学校でいじめられている、と語る子がいます。

しかしここで驚かされるのは、彼らの「折れなさ」です。

「あいつら、ちゃんと寝てないからイライラしてるんだな」

「寝てないから、やっていいことと悪いことがわからないんだよ」

その点、自分たちは早寝早起き生活を徹底しているから脳がきちんと育っている——と、彼らは堂々と胸を張って言います。

いじめそのものを無くすことは簡単ではありませんが、このように「こころの脳」が強靭《きょうじん》なら、深刻に捉えず、自尊心を損なわずに生きることができます。

そのこころの脳を育てるには、親も自分のこころの脳を鍛えなくてはなりません。ですからアクシスでは親御さんたちに対しても、ネガティブな事象をポジティブに転換するトレーニングを行います。

すると次第に、親も捉え方が変わります。わが子がいじめに遭ったことを、単純に「悪いこと」と捉えなくなるのです。あるお母さんなど、子供が「僕は絶対に同じことを人にはしないんだ」と言うのを聞いて、「いじめられたのがきっかけで、前頭葉が育ってよかったね！」と喜んだそうです。

この反応に、「そんなことを言ってる場合か」と思う方もいるかもしれません。しかし、親子して怒りと屈辱感に駆られているよりも、幸福度は確実に高いでしょう。

いじめに限らず、大人社会にもさまざまな理不尽があります。社会に出たあと、いい人だけに囲まれて生きるのは不可能。怒りっぽい上司、反抗的な部下、尊大な顧客、マウンティングしてくるママ友などなど、不愉快な人は必ず現れます。

親はすでに、それを少なからず経験しているはずです。そのエピソードを、子供に話してみましょう。「意地悪なお局様の攻撃に合わないように、お昼ご飯は外に出ることにしたの」と対処を語ったり、「辛いこともあるけれど、そうしてお金をもらって生活していくんだよ」と、社会の厳しさを語ったり。それを通して子供は、甘いことばかりではない人生を「そういうもの」として受け止めていくのです。

## レジリエンスの実験から――困ったら「助けて」を言おう

辛いことや苦しいことがあっても、その事象を柔軟に捉えて希望を見出し、乗り越えていく力のことを「レジリエンス」と言います。

私は数年前より、レジリエンスに関する臨床実験に取り組んでいます。対象となるのは、発達障害のある方々。この特性を持つ方々は全般にレジリエンスが低いため、その理由を究明して対策をたてることが実験の目的です。

実験では、最初にレジリエンスの高さを調べ、その後、前頭葉を鍛える脳トレを行ってから、再び高さを調べます。レジリエンスを測る指標は、①自己肯定感、②社会性、③ソーシャルサポートの三つです。

自己肯定感とはご存じのとおり自分を肯定する感覚で、社会性は、周囲の人々との関係をつくる力です。三つ目のソーシャルサポートとは、「自分は周りの人に助けられている」と感じる力のこと。言わば「おかげさま力」です。

発達障害のある人は3要素とも低いのですが、脳トレを6〜12回繰り返すと、正答率とともにレジリエンスもアップ。中でも真っ先に大きく上がったのが「ソーシャルサポート」でした。

これはある程度、予測していました。自己肯定感と社会性に関しては、社会生活でさまざまな困難を経験してきた方々だけに、簡単に上げるのは難しいはず。しかしこの実験を含めた我々の支援を通して、「支えられている感覚」は持っていただけるのではないか、と考えていたところ、それが的中した形です。

発達障害のあるなしに関わらず、子供も大人も、ソーシャルサポートの感覚を持つことは、レジリエンスを高める大事な鍵です。

それには一つ、コツがあります。実際に助けてもらえばいいのです。逆境にあるときこそ「助けて」と言うことが大切です。

カッコつけずに「困ってます！」と言い、手伝ってもらったり、アドバイスをもらったり、ただただ話を聞いてもらったりすればいいのです。そのとき自然と、「支えられている」という実感と、感謝の念が湧《わ》きます。この感謝も、レジリエンスを高めるエネルギー源となります。

なおこの実験、その後、被験者を増やしながら回数を重ねていくなかで、徐々に社会性と自己肯定感も、少しではありますが有意差を持って上がりました。私たちと毎回対話を交わす中で、「うまく話せた」「分かってもらえた」という経験がプラスに働いたようです。実際に職場でのコミュニケーションが円滑化した方もいて、喜ばしい限りです。

## 「ボーッとしている」ときこそ前頭葉が育つ

この実験ではレジリエンスだけでなく、「脳トレ」の成績も上がりました。

この脳トレは、機械を装着して脳機能を測りながら行います。その後、脳波を見ながら、脳のどの部分がいつ活性化したか、どのようなときに成績が上がったか、上がった理由は何か、と分析・解釈していきます。

その結果わかったのは、「脳を休める力」が成績アップの決め手になった、ということです。休憩なしにトレーニングを続けていると、脳機能は高い値を示すものの、成績にはさほど反映されません。

しかし、脳トレ中に適宜《てきぎ》深呼吸をしたり、肩を回して筋肉を緩めたり、しばしボーッとしたりする時間をはさむと一変。脳機能が上がる・下がる・また上がるという起伏を描くなかで、成績も格段に上がりました。

前頭葉は高度な脳なので、短時間使うだけでも膨大なエネルギーを消費します。働かせ続けるのではなく、こまめに休ませて回復を図ることが必須です。

前頭葉を休ませるもっとも効果的な方法は、「ボーッとする」ことです。

このとき前頭葉は、「デフォルトモードネットワーク」といって、休息しながらも活動している状態にあります。

デフォルトモードではよく、「アイデアがふとわいてくる」という現象が起こります。

皆さんにも覚えがないでしょうか。お風呂に入ってボンヤリしているときや、何も考えずにブラブラ散歩しているときに、「いいこと」を考えついたことがありませんか？

子供も同じです。何もせずボーッとしている子供を見て、「なにボケっとしてるの！」と言うのは大間違いです。

そのときにこそ、子供の前頭葉は休息しながらエネルギーを蓄えています。何も考えていないようで（実際考えていませんが）、脳の中ではさまざまな発想のモトがうごめいています。大いにボーッとさせて、こころの脳の成長を促しましょう。

## 第4章

# 脳育ては何歳からでも挽回できる！

## 「脳育て」は何歳からでもやり直せる

ここまで読み進めてきた皆さんの中には「しまった、脳を育てる順番、間違えた」と思っている方もいるでしょう。

「からだの脳育て、小学生になったら間に合わないの？」

「うちの子はもう10代後半なんだけど、もう遅い？」

と心配されているかもしれませんが、どうぞご安心ください。

序章でお話しした通り、脳には「可塑性」があります。脳は生まれてから死ぬまでずっと、変わり続けることができる臓器なのです。

従って、いつからでもつくり直すことができます。10代後半でも、成人していても、中高年でも可能です。

ここまで何度か、「親が自ら早寝早起きを」「親自身がこころの脳を鍛えよう」と言ってきましたが、これも、大人になっても脳を育て直せるからこそできる話です。

そこで、この章では「脳育て」をしてこないまま思春期や成人期を迎えた子供や、成人して久しい大人＝親世代に向けた、脳の育て方についてお話しします。

脳の育て直しは、何歳からであっても、やはり「からだの脳→おりこうさんの脳→こころの脳」の順番に行います。

まず早寝早起きの習慣をつけ、しっかり寝て食べるサイクルを体に覚えさせます。

次いで、これまでのコミュニケーションのありかたを変えます。会話が少ないなら増やし、親からの一方的な命令や小言が多ければ「双方向」を意識しましょう。

中でも、言葉を「引き出す」関わりは大事です。頭ごなしに否定したり、間違いを修正したりせず、子供が自由に思ったことを語れるようにします。

と、大枠はシンプルですが、実際にはそう簡単には進まない場面もあるでしょう。

とくに10代前半の反抗期や、その後も親子の関係がこじれてそもそもコミュニケーションが成り立たない、というご家庭もあるでしょう。

そうしたさまざまな困難への対処法も、この章を通して知っていただければと思います。

## 反抗期は「先輩モード」で対応する

「正論を押し付けないこと」をこれまでもお話ししてきましたが、思春期においてはとくにその心がけが重要です。

「そんな調子じゃ将来、社会でやっていけないぞ」

などの警告は正しいかもしれませんが、反抗期の子供の耳には不快に響くだけです。

「お母さんはあなたと同い年のころ、こんなことも、こんなこともできたのに」

という上から目線の比較も、子供の神経を逆なでします。高学歴で知的な親ほど失敗しやすいポイントなので、気をつけたいところです。

「そうは言っても指をくわえて見ていたら、将来困るのは目に見えている」というときは、伝え方を変えましょう。

「親」や「大人」の視点で語るのではなく、「少し年上の先輩」の気持ちになってみるのです。子供が中学1年なら中2か中3のころに、しばしタイムスリップしてみてください。

この年頃の子供にとって、大人は反抗の対象になりがちですが、少しだけ年長の人は尊敬や憧れの対象になります。もし自分が、そんな先輩のような若者なら、この子にどういう言葉をかけるだろうか……と想像してみましょう。

すると「ゲームばかりしてちゃダメだ」「本を読まないと語彙が増えないぞ」などとは決して言わない、とわかりますね。同じメッセージを伝えるにしても、「俺、けっこう行き詰まってたときにこの本を読んで、助けられたんだよね〜」という風に、自分の経験に即した等身大のメッセージが出てくるはずです。

不登校の子供に対しても「学校に行かないと社会に出てから不利だぞ」などという正論ではなく、「だよな〜、俺も学校行きたくないときあったわ〜」「でもさ、そのときにさ……」といった言葉かけになるでしょう。

この方法は、単なる「子供に響きやすいテクニック」にはとどまりません。

「親」という枠をいったん取り外すことで、日ごろつい陥りがちな「子供＝自分の従属物」という発想からも抜け出せるのです。親ではなく「先輩」なら、目の前にいる後輩を自分のものだなどとは思わず、別個の人格として接するでしょう。

その意味で「先輩になる」ことは、子供を個人として客体化し、尊重することにもつながるのです。

## 反抗期の子も、専門家の話には聞く耳を持つ

反抗の度合いが強くてそもそも会話できない、引きこもって部屋から出てこない、などの深刻な状態にあるときは、医師や心理士などの専門家の助けを借りましょう。

親には激しく反抗する子でも、よその大人に対しては比較的耳を傾けるものです。加えて、専門家ならではの科学的根拠のある説明は、10代の子に意外なほど強く響きます。

不登校、摂食障害、引きこもりなどの状態にある子は、自分でも現状に不安を覚え

ています。そこに医師が「今、あなたの脳にはセロトニンが分泌されてなくて、だから不安な気持ちになるんだよ」「セロトニン神経を育てるにはね……」と明確に説明し、解決策を示すと「やってみよう」という気持ちが起こりやすいのです。

過食が止まらなかったある中一の男の子に、血液検査の結果を見せながら「○○の数値は正常値の2倍、○○は1・5倍。このままじゃ重病になる可能性があるよ」と話したところ、はじめて危機感を覚え、食生活を変える努力を始めたこともありました。

通院しているうちに、親に言えない話を医師に話す子も多くいます。学校でイヤな目にあったこと、内心気にしていること、やめたいけれどやめられないことなど。出せなかった思いを外に出すことは、事態が好転する大きなきっかけになります。

専門家のほかにも頼れる誰かがいれば、さらにベターです。小学校時代の先生や塾の先生など、これまで子供が信頼し、心を開いていた大人がいたら相談してみましょう。

一番良くないのは、家のなかだけで抱え込もうとすることです。

真面目な人ほど、自分たちだけでなんとかしようとしがちです。とくに母親が、夫にさえ相談できず、一人きりで追い詰められていくケースは多数あります。

前章でも話したように、困ったときに「助けて」と言えるかどうかは大事な分かれ道。助けを求め、実際に助けてもらって「良かったね、有難いね」と子供に言えば、子供もまた、「社会の中には助けてくれる人もたくさんいるんだ」という思い＝ソーシャルサポートの認識を持てます。

それは、親子双方がレジリエンスを高めていく大きな一歩となるでしょう。

## 「趣味の世界」で自分を取り戻した少女の話

ここで、逆境のなかでレジリエンスを飛躍的に高めた女の子の話を一つ、紹介しましょう。

その子は高校二年生。といっても、長らく高校に通えていませんでした。初めてアクシスを訪れたときは、不安が強く、外に出るのもやっと、という状態でした。

ご両親と本人から話を聞いていく過程で、最初はほとんど口を開かなかった彼女が唯一、自分から話したのが「アニメのキャラクター」の話でした。

もともとお父さんが昭和のアニメファンで、小さいころはしょっちゅう二人でアニメのショーに行っていたそうです。学校に行けなくなった彼女は、そのことを思い出し、昭和アニメのキャラクターを模写することに燃えました。

ご両親は、「学校にも行かないで絵ばっかり描いて」と不安顔。しかし本人は次々模写を続けて、いつの間にか自分でストーリーを考え、スピンオフの物語を書いて、コミケに出店するようになりました。

なんとそこに「ファン」もつくようになり、そのことで彼女はどんどん自信がついてきました。それとともに、自律神経の活動量など、医学上の数値も急激に好転しました。さらには「やっぱり高校は出ておかないと」と自ら言いだし、通信制の学校に転校すべく準備を開始。この前進ぶりには、ご両親もただただ驚くばかりでした。

なぜ、ここまで劇的な変化が訪れたのでしょうか。やはり第一には「好きなこと」を思い出し、体験したこと。ほかの人にはない知識やスキルが自分にはあった、という再発見が、彼女に自信を取り戻させました。

もう一つは、コミケでの「人との関わり」でした。SNSで発信した彼女の絵に、すっかりファンになって、わざわざ地方からコミケに訪ねてきた方と、初対面なのにとても楽しく話ができたそうです。

「人とコミュニケーションがとれた」という達成感、そして「ありがとう」と言われた安心感と感謝。それは今後も、彼女と「外の世界」を結び付ける紐帯《ちゅうたい》となるでしょう。

## 子供のストレス対応力をつけるなら、まず大人から

子育て科学アクシスの主軸は、親支援にあります。まず親が「子育て＝脳育て」の正しい知識を持ち、親自身が意識を変え、生活を整え、その先で子供とのかかわり方をより良い方向へ変えていくことを目指します。

私たちが指導する、子育て＝脳育てのメソッド「ペアレンティング・トレーニング」の一つに、「ストレスへの適切な対処法を共有するトレーニング」があります。

これも、子供のストレス対処力を上げるために「まず親が変わる」ことを出発点にしています。詳しくは拙著『子どもの脳を発達させる ペアレンティング・トレーニング』(上岡勇二氏との共著) をご覧いただくのが一番ですが、ごく簡単に、その方法を紹介しましょう。

**①自分の体をモニタリングし、ストレスに気づく**

親のストレスは子供に強い影響を及ぼします。にもかかわらず、親自身が自分にストレスが溜まっていることに気づかないことが多々あります。

ストレスにさらされているときは、必ず身体症状が出ています。動悸《どうき》がする、呼吸が浅くなるのは典型的なストレスサイン。ほか腰痛、頭痛、肩こりが現れることもあります。こうした異変に気付き、どのような場面でそうなるかを把握します。

**②ストレスコーピングを多く持つ**

ストレスコーピングとは、ストレスが起こったときの対処法のこと。①のモニタリングでストレスを自覚したとき、「こうするとストレスが軽くなる」という方法を、一つでも多く持っておきます。

### ③子供に伝える

ストレスを感じて、コーピングで対処した経験を子供と共有します。「今日は仕事で緊張して肩も腰もコチコチだったから、帰りにマッサージにいったの。すごく楽になったよ」という風に、ストレスを「どう感知したか」「どう解消したか」を伝えます。

### ④子供のストレスサインに気づく

子供がストレスにさらされているか否かを観察します。子供はまだ自己モニタリングの力が弱いので、親が気づく必要があるのです。もしストレスサインが出ていたら、「ちょっとドライブしようか?」などと対処法を提案。結果「ラクになったね!」となれば、子供も「こうすればいいのだ」と体感できます。ほか、子供が一人できそうなコーピングも、自らの実践経験とともに教えてあげると良いでしょう。

## 「すぐできる」コーピングを増やそう

親からストレスコーピングを教わった子供は、やがて自分自身の対処法を編み出し、最終的には完全に自力でコントロールできるようになります。そのスキルは、ストレスが多くなる思春期において、強い支えになります。

さて、以上のこの流れは、この本で紹介してきた「脳育ての順番」に沿っているのにお気づきでしょうか。

モニタリングをしてストレスサインに気づくのは「からだの脳」の領域です。からだの脳が頑丈で、そもそも普段の体調が元気でないと、「なんだか不調だ、いつもと違う」と気づくことさえできません。

次いで、親がコーピングについて子供に教える段階は、知識を吸収させる「おりこうさんの脳」の領域です。この土台の上で、子供は自分の「こころの脳」でストレスに対処する段階に入るのです。

このしくみを念頭において、子供が何歳であっても、からだの脳ができていないなら「早寝早起き」から始めましょう。

次いで、情報を伝える段階では、自分のためにも子供のためにも、コーピングのレパートリーを一つでも多くしましょう。

中でも増やしておきたいのが、「すぐ」できるコーピングです。大人はつい「飲みに行く」「友達とランチする」「お風呂に入る」など、お金や時間を使うコーピングを考えつきがちです。しかし、いざストレスを感じたときに役立つのは、「無料で瞬時に」できるものです。たとえば深呼吸は、その代表格です。

「筋弛緩法《きんしかんほう》」という方法もあります。握りこぶしを力いっぱいグーッと10秒ほど握り、そのあと脱力すると、手や腕の筋肉がふと緩むのを感じるはず。この要領で、上腕や肩、首など全身の筋肉も、「力を入れてから脱力」という方法で緩め、緊張を解く方法です。

ほかにも、「自分はこれが効く」という方法が必ずあるはず。色々試して、役立つ情報を子供に提供しましょう。

## 「褒める」より「認める」

いわゆる「子育て本」にはよく、「子供は褒めて育てよう」という言葉が出てきます。しかし実は、「褒める」には難しい側面があります。

親御さんが褒めることはたいてい、数値化された評価です。テストの点数や通信簿の評価や、スポーツの大会で優勝したとか、ピアノのコンクールで入賞したとか。そこで褒めてはいけないとは言いませんが、「褒めるだけ」では子供を不安にさせることがあります。「いい点を取り続けないと見捨てられるかも」と思わせる可能性があるのです。

幼い子供の心の中には、「見捨てられ不安」というものがあります。2歳ごろ、他の存在（たいていの場合は親）に対する「愛着」が形成されるとともに、「この人に見捨てられたらどうしよう」という気持ちが起きます。これは、ごく普通のことです。

はじめて保育園や幼稚園に預けられるとき、泣き叫ぶ子供がいますね。これも「捨てられる⁉」という不安からくるものです。しかし、夜になったら再び親が迎えに来て「なんだ、大丈夫だった」と理解し、安心する。この繰り返しで、幼児期の見捨てられ不安はだんだん解消されていきます。

しかしたまに、小、中、高校と年齢が進んでも、不安が消えない子供がいます。

その原因の多くを占めるのが、「褒めるだけ」のコミュニケーションです。「賢いね」「かわいいね」「上手だね」「偉いね」という親の褒め言葉に、子供は「そうでないと愛しませんよ」という「裏メッセージ」を読み取ってしまうのです。親がそう言っていなくとも、思ってさえいなくとも、そう受け取ることがあるのです。

その不安が高じて、引きこもりや暴力や、摂食障害などに陥るケースもあります。

では、どうすればいいのか。「褒める」よりも、「認める」メッセージを多く送ることが必要です。

「褒める」は何らかの良い行為や長所に対してなされますが、「認める」は、その子の存在を「丸ごと」承認することです。

「あなたは○○だねえ」「そうか、そう考えていたんだ」「そんな風に思うのか〜」など。

そこに良い悪いの評価はありません。ただ「あなたがそういう子だと知ったよ」と伝えているのです。

## 「できなさ」を認める自己肯定感を育てよう

一方、あまりよろしくないこと——テストで悪い点をとってきたときなどにも「認める」ことはできます。

昔、小学校の算数のテストで娘が40点をとってきたことがありました。

私の反応は、「うわあ、40点かあ」。これはそのまま事実を言った（=認めた）だけで、叱ったわけではありません。夫と一緒に、「なかなか取れない点数だねえ」と、珍しいものを見るように言ったのを覚えていますが、これも良い悪いの評価ではありません。

良かろうが悪かろうが、あなたという存在は大事。そのメッセージを、娘も受け取ってくれていたのではないかと思います。

このメッセージは、自己肯定感のベースになるのではないかと私は思います。

一般的に、自己肯定感というと「自分の長所や美点を認める」ことだと思われがちですが、それは一面的な解釈です。「できない自分」も認める、それもまた自分であると認める。こうした「丸ごと」の自己肯定感が、日本人には足りないのではないかと感じます。

子供の自己肯定感を上げたい親たちは、ともするとその子の「良いところ」「できること」を探します。そして、「自信もって！　あなたは○○が上手でしょ」「○○できないけど、○○はできるじゃない！」と一生懸命フォローします。

しかしこれでは、「○○できない」を認めていないことになります。その子がいくら自分の長所を伸ばしたところで、「この長所がなくなったら見捨てられる」という不安感・切迫感は消えません。自己肯定感は、むしろ低くなると言っても良いでしょう。

本物の自己肯定感とは、「私にはこんなダメなところがあるけれど、ま、いっか」と思えることです。そのためには親が「この子はここがダメだけど、ま、いっか」という気持ちで接することが大事です。

そしてさらに大事なのは、親自身が自分のダメなところを認めることです。恥じたり、「知られたら馬鹿にされる」と隠したりせず、「私はここがダメだけど、でも、それも私なんだ」と、丸ごと認めましょう。

## 叱るべき時は、厳しく叱っていい

今どきの子育て本は、褒めることと同じく「叱る」ことに関しても、少々偏った情報を伝えていることがあります。

「叱ってはいけない、体罰などもってのほか、子供のトラウマになる」などと書かれた本を読んで、恐れをなしている親御さんも多いのではないでしょうか。

しかし、神経質になる必要はありません。場合によっては叱ってもいいし、命の危険があり厳しく教えなければいけないときなどは、手を挙げてもいいのです。

その基準となるのが、125ページでお話しした「軸」です。まず「命にかかわること」と、「我が家で絶対に守るべきこと」というルールを2~3項目定め、それを破ったときには厳しく叱る、ということを約束事にすれば、子供も叱られることに納得感を持ちます。

とくに、命にかかわるような間違いをしたときは厳しく叱るべきです。赤信号のときに道路に飛び出そうとしたら、優しく諭《さと》している場合ではありません。首根っこをひっつかんで止め、手を挙げてでも叱り飛ばしていいのです。

そこで子供に伝わるメッセージは、「私は、あなたが命を落とすようなことは何が何でも許さない」ということ。このメッセージを受け取って、傷つく子供はまずいません。

逆に言うと、それらの軸に抵触しないことに関しては、叱る必要はありません。

「また部屋を散らかしてる!」「宿題しなさいって何度言ったらわかるの!」「なんでこんな簡単な問題が分からないの!」

といった類の叱り方をする親御さんは非常に多いですが、これらは何一つ、できなかったからといって命にはかかわらないことです。これらの「悪しき正論」で子供を追い詰めないよう気を付けましょう。

## 脳育ては「性差」ではなく「個人差」で

「男の子と女の子で、脳育てに違いはありますか?」と聞かれることがよくあります。男女の脳には違いがある、という話は90年代ごろから盛んに言われていましたが、最近は、さほど個々人の人格に影響がないことがわかっています。

脳の器質的な男女差として唯一挙げられるのは、「脳梁《のうりょう》」という、脳の左右の半球をつなぐ神経細胞の束が女性のほうが太いことです。

そこから、女性のほうが右脳と左脳の情報交換が多いためマルチタスクが得意な傾向があり、男性は一つのことに集中しやすい傾向がある、と示唆《しさ》されることもあります。

とはいえ、集中力の高い女性もいれば、マルチタスクが得意な男性もいることはご存じの通り。脳育ては性差ではなく、「個人差」にフォーカスするのが妥当と言えるでしょう。

乳児期に一つだけ言えるとしたら、男の子にはとくに「フルセンテンス」に力を入れるのがおすすめです。男の子のほうが一般に、言葉の初出が遅めだと言われているからです。赤ちゃんの目を見つめて、しっかり口を大きく開け閉めして話しかけることで、言語を司る脳の育ちを促すことができます。

一方、男女差を無くした方が良い点もあります。

日本では、女の子には家事を教えるのに男の子には教えない、という家庭がしばしば見られます。これはおそらく「家事は女性がするもの」という古い価値観に基づくものだと思われます。

しかし、すでにご存じの通り、「おりこうさんの脳」は家庭生活の中で役割を持つことで育ちます。男の子にだけそのチャンスを与えないのは、脳育ての観点から見ても「不平等」です。

また、たまに見られるのが、女の子には前述のマルチタスク的な作業を求め、男の子には集中して何かをさせる、といったアプローチです。ここも性別ではなく、本人がどちらの傾向が強いかを見極めましょう。

集中が得意なタイプならば好きなことに集中させる、同時進行が得意なら「家事をしながらその日の出来事を話す」という風に、本人の能力をさらに伸ばすのが基本です。

その一方、ときには苦手なこともさせてみましょう。集中タイプの子にマルチタスクをさせたり、マルチタスクの得意な子を一つのことに集中させたりすることで、苦手なことも「そこそこ」できるくらいに育てていくのが良い方法です。

## 「兄弟の不平等」はあっていい

二人の男の子を持つお母さんが、ある日こんなことを言いました。

「お兄ちゃんを見てあげられなくて、本当にかわいそう」

まだ幼い弟さんに手がかかってお兄ちゃんに手が回らないことを、そのお母さんは悩まれていました。

私がそのとき伝えたことは二つ。一つは、「かわいそうと思ってはいけない」ということです。思った瞬間、それは本人に伝わってしまうからです。

親に「かわいそう」だと思われている子が、幸せを感じられるでしょうか？　おそらく逆でしょう。「僕は親にかわいそうだと思われるような、不幸な人間なんだ」と。

私に言わせれば、お兄ちゃんはまったくかわいそうではありません。親に世話をしてもらえないぶん、生活力がついて自立が促進されるからです。

そしてもう一つ、お母さんに伝えたのは、「兄弟間の不平等」は気にしなくていい、ということです。

年齢によっても、手のかかり具合によっても、関わりに濃淡が出るのは当たり前。兄弟に差をつけてはいけない、などと思わなくていいのです。

そこを理解すると、兄弟それぞれにかける言葉も変わってくるはずです。お兄ちゃんには、「ラッキーだね！　小さい弟がいると、将来子供ができたとき、きっと上手に子育てできるよ」と言えますし、弟にも、「ラッキーだね！　いいお兄ちゃんがいてよかったね」と言えるでしょう。

子供は素直なので「かわいそう」だと言われれば「僕はかわいそう」と思うし、「ラッキーだね」と言われれば「僕はラッキーだ」と思うもの。親から言われたことそのままの自分像を持つのです。

とすると、「ラッキー」はまさにマジックワード。「自分はラッキーだ」という認知を持って生きると、それからの人生でどのような困難に出合っても、そこにラッキーな要素を見つけようとしますし、見つけるのが上手になります。

はたから見ると「それのどこがラッキーなんだ」と言いたくなるようなロジックをたてることもあるでしょう。しかしそれによって困難を乗り越えられるのですから、何ら問題ありません。

その素地を今からつくってあげるのが、親の役目です。通常ならネガティブだと思われる状況でも、まず「ラッキー！」と口にだし、理由は後から無理やりにでもくっつければいいのです。「かわいそう」と言われて育つより、はるかにいい人生が送れること間違いなしです。

## 「仮面夫婦」は子供を不安にさせる

子育てにおいては、両親の夫婦仲が円満であることがもちろん理想です。とはいえ、夫婦喧嘩をしてはならないわけではありません。

喧嘩をしているとき、人間の前頭葉はめっぽう活性化しています。お互いに相手を論破しようと、さかんに思考力を働かせているからです。ですから両親が喧嘩をしても、そばで見ている子供にとっては「そうか、こう反論できるな」と学ぶ機会になると言えます。

ただし例外もあります。夫婦喧嘩のテーマが「子供のこと」であった場合、それは子供を非常に苦しめます。夫婦間で子育ての方針に違いがあっても、子供のいる前では争わないようにしましょう。

そのほかのことなら、隠れて争う必要はありません。さらに言えば、隠れて争うこと自体が、子供に悪影響を及ぼします。

一番良くないのが、子供の前でだけ仲良しなふりをすることです。実は夫婦仲は冷え切っているのに、「子供のために」円満を装う夫婦がよくいますが、子供は動物的な勘で、不穏な空気を感じ取ります。

食卓についているとき、一見和《なご》やかな会話が交わされつつも、両親が決して目を合わせない……といったことに気づくと、子供は強い不安を感じます。そこに親の「ウソ」を感じ取り、不信感も持つでしょう。

そんなストレスを与えるくらいなら、「お母さんとは意見が合わないんだ」「お父さんとは考え方が違うの」と、きちんと伝えましょう。

もちろん子供は傷つくでしょう。しかしそれも「社会」を知る大事な学びです。家庭という社会の中でも「合わない人間関係」というものは発生しうる、ということをそのとき子供は知るのです。

「子供のために」離婚しない、といったこともするべきではありません。一般の社会では、合わない会社ならば辞めて転職するのが自然ですね。誰かのためにその会社にい続ける、などということはないはずです。

誠実に経緯を伝えて、「お父さんとお母さんはもう一緒には暮らせないんだ」と伝え、子供の思いを受け止め、「ごめんね」と言いましょう。

辛いけれど、仕方のないことが世の中にはある。子供は心を痛めながらも、そのことを学ぶでしょう。

## 子育ては「母親と子供」だけのものではない

最後に、「家庭という社会」について、もう一度考えていただきたいと思います。

この本は、子育て中の「お父さん・お母さん」に向けて書かれたものですが、実際に手に取って読む方は「お母さん」が多いかもしれません。

そんなお母さんは、振り返ってみてください。子育ては「自分の仕事」だと思ってはいませんか？

「私は早く寝かせたいけれど、お父さんが邪魔しそう」という風に、子育てを「自分主語」で考えてはいませんか？

「子どもと自分」だけの世界をつくり、父親を疎外《そがい》したり、敵視したりする母親が増えています。そうした母親はよく、「お父さんは本当にだらしないわね。ああなってはだめよ」と子供に言い聞かせたりもします。

すると、子供もその価値観を吸収してしまいます。そのまま思春期を迎えると、子供自身が父親を軽んじます。結果、「娘が父親と口をきかない」「息子が父親をバカにする」といったことが起こりがちなのです。

心当たりのある方は「家族」のありかたをとらえ直しましょう。

家族とは、父親、母親、それぞれの子供が均等に役割を持ち、かかわりあっていく社会です。おそらくお父さんは毎日働いて、家計を支えてくれているはず。その役割を認め、敬意を払いましょう。子供に父親の悪口を言うのではなく、「有難いね」と言いましょう。

「でも本当に夫はだらしないし、脱ぎ散らかすし……」と思ったら、外の社会を考えてみてください。会社でも偉そうな上司や、怠け者の同僚や、段取りの悪い後輩など、さまざまな人がいつつも、なんとか業務を回しているはずです。皆が少しずつ、それぞれの欠点に目をつぶって仕事をしていますし、自分もまた、どこかで目をつぶってもらっているはずです。

その「寛容さ」を、家の中でも持ちましょう。

どんな父親にも母親にも、子供にも、欠点はあります。完璧でない成員一人ひとりが肩を寄せ合って生活を回していくのが、家族という社会です。

ですからここも「正論」で武装せず、許すことを始めましょう。

早寝早起きをモットーとする家の中で、お父さんがたまに寝過ごすことがあってもOK。「お父さんはゆうべ遅かったもんね、たまにはしょうがない」と言える度量を持ちましょう。

そう、口をすっぱくして「早寝早起き」を語ってきた本ではありますが、これから毎日、一生涯、早起きし続けるなどということは、誰にもできません。基本のベースさえ決まっていれば、「特例」の日があってもいいのです。

家族一人ひとり、欠点も含めてまるごと認め、失敗しつつも役割を果たしあう――その姿勢を持つことは、「一人で頑張る子育て」からの卒業でもあるのです。

構成―林加愛
イラスト―六川智博
図版―齋藤稔（株式会社ジーラム）

PHP新書
PHP INTERFACE
https://www.php.co.jp/


**成田奈緒子**［なりた・なおこ］

小児科医・医学博士・公認心理師。子育て支援事業「子育て科学アクシス」代表。文教大学教育学部教授。1987年に神戸大学医学部を卒業後、米国ワシントン大学医学部や筑波大学基礎医学系で分子生物学・発生学・解剖学・脳科学の研究を行う。臨床医、研究者としての活動も続けながら、医療、心理、教育、福祉を融合した新しい子育て理論を展開している。著書に『「発達障害」と間違われる子どもたち』（青春新書インテリジェンス）、『高学歴親という病』（講談社＋α新書）などがある。



PHP新書 1385

# 子育てを変えれば脳が変わる
こうすれば脳は健康に発達する

二〇二四年一月二十九日　第一版第一刷

著者――成田奈緒子
発行者――永田貴之
発行所――株式会社PHP研究所
東京本部――〒135-8137 江東区豊洲5-6-52
ビジネス・教養出版部 ☎03-3520-9615（編集）
普及部 ☎03-3520-9630（販売）
京都本部――〒601-8411 京都市南区西九条北ノ内町11
組版――有限会社エヴリ・シンク
装幀者――芦澤泰偉＋明石すみれ
印刷所――大日本印刷株式会社
製本所――東京美術紙工協業組合




ISBN978-4-569-85617-9

# ＰＨＰ新書刊行にあたって

「繁栄を通じて平和と幸福を」（PEACE and HAPPINESS through PROSPERITY）の願いのもと、ＰＨＰ研究所が創設されて今年で五十周年を迎えます。その歩みは、日本人が先の戦争を乗り越え、並々ならぬ努力を続けて、今日の繁栄を築き上げてきた軌跡に重なります。

しかし、平和で豊かな生活を手にした現在、多くの日本人は、自分が何のために生きているのか、どのように生きていきたいのかを、見失いつつあるように思われます。そして、その間にも、日本国内や世界のみならず地球規模での大きな変化が日々生起し、解決すべき問題となって私たちのもとに押し寄せてきます。

このような時代に人生の確かな価値を見出し、生きる喜びに満ちあふれた社会を実現するために、いま何が求められているのでしょうか。それは、先達が培ってきた知恵を紡ぎ直すこと、その上で自分たち一人一人がおかれた現実と進むべき未来について丹念に考えていくこと以外にはありません。

その営みは、単なる知識に終わらない深い思索へ、そしてよく生きるための哲学への旅でもあります。弊所が創設五十周年を迎えましたのを機に、ＰＨＰ新書を創刊し、この新たな旅を読者と共に歩んでいきたいと思っています。多くの読者の共感と支援を心よりお願いいたします。

一九九六年十月

ＰＨＰ研究所

## PHP新書

[医療・健康]

499 空腹力 石原結實
801 老けたくなければファーストフードを食べるな 山岸昌一
912 薬は5種類まで 秋下雅弘
926 抗がん剤が効く人、効かない人 長尾和宏
947 まさか発達障害だったなんて 星野仁彦／さかもと未明
1007 腸に悪い14の習慣 松生恒夫
1013 東大病院を辞めたから言える「がん」の話 大場 大
1047 人間にとって健康とは何か 斎藤 環
1053 iPS細胞が医療をここまで変える 山中伸弥[監修]／京都大学iPS細胞研究所[著]
1056 なぜ水素で細胞から若返るのか 辻 直樹
1139 日本一の長寿県と世界一の長寿村の腸にいい食事 松生恒夫
1143 本当に怖いキラーストレス 茅野 分
1156 素敵なご臨終 廣橋 猛
1173 スタンフォード大学教授が教える 熟睡の習慣 西野精治
1200 老化って言うな！ 平松 類
1240 名医が実践する「疲れない」健康法 小林弘幸
1244 腰痛難民 池谷敏郎
1285 健康の9割は腸内環境で決まる 松生恒夫
1314 医療貧国ニッポン 奥 真也
1338 もしかして認知症？ 浦上克哉
1339 5キロ痩せたら100万円 荻原博子
1341 60歳うつ 秋田 巌
1344 65歳からは、空腹が最高の薬です 石原結實
1346 定年後の壁 江上 剛
1360 頭がいい人、悪い人の健康法 和田秀樹
1369 職場の発達障害 岩波 明

[経済・経営]

187 働くひとのためのキャリア・デザイン 金井壽宏
379 なぜトヨタは人を育てるのがうまいのか 若松義人
450 トヨタの上司は現場で何を伝えているのか 若松義人
543 ハイエク 知識社会の自由主義 池田信夫
587 微分・積分を知らずに経営を語るな 内山 力
594 新しい資本主義 原 丈人
752 日本企業にいま大切なこと 野中郁次郎／遠藤 功
852 ドラッカーとオーケストラの組織論 山岸淳子
892 知の最先端 クレイトン・クリステンセンほか[著]／大野和基[インタビュー・編]

901 ホワイト企業 髙橋俊介
932 なぜローカル経済から日本は甦るのか 冨山和彦
958 ケインズの逆襲、ハイエクの慧眼 松尾 匡
985 新しいグローバルビジネスの教科書 山田英二
998 超インフラ論 藤井 聡
1023 大変化——経済学が教える二〇二〇年の日本と世界 竹中平蔵
1027 戦後経済史は嘘ばかり 髙橋洋一
1029 ハーバードでいちばん人気の国・日本 佐藤智恵
1033 自由のジレンマを解く 松尾 匡
1080 クラッシャー上司 松崎一葉
1084 セブン-イレブン1号店 繁盛する商い 山本憲司
1088 「年金問題」は嘘ばかり 髙橋洋一
1114 クルマを捨ててこそ地方は甦る 藤井 聡
1136 残念な職場 河合 薫
1162 なんで、その価格で売れちゃうの? 永井孝尚
1166 人生に奇跡を起こす営業のやり方 田口佳史/田村 潤
1172 お金の流れで読む 日本と世界の未来
ジム・ロジャーズ[著]/大野和基[訳]
1174 「消費増税」は嘘ばかり 髙橋洋一
1175 平成の教訓 竹中平蔵
1187 なぜデフレを放置してはいけないか 岩田規久男
1193 労働者の味方をやめた世界の左派政党 吉松 崇
1198 中国金融の実力と日本の戦略 柴田 聡
1203 売ってはいけない 永井孝尚
1204 ミルトン・フリードマンの日本経済論 柿埜真吾
1220 交渉力 橋下 徹
1230 変質する世界 Voice編集部[編]
1235 決算書は3項目だけ読めばいい 大村大次郎
1258 脱GHQ史観の経済学 田中秀臣
1265 決断力 橋下 徹
1273 自由と成長の経済学 柿埜真吾
1282 データエコノミー入門 野口悠紀雄
1295 101のデータで読む日本の未来 宮本弘曉
1299 なぜ、我々はマネジメントの道を歩むのか[新版] 田坂広志
1329 51のデータが明かす日本経済の構造 宮本弘曉
1337 プーチンの失敗と民主主義国の強さ 原田 泰
1342 逆境リーダーの挑戦 鈴木直道
1348 これからの時代に生き残るための経済学 倉山 満
1353 日銀の責任 野口悠紀雄
1371 人望とは何か? 眞邊明人